진우와 소담에게


긴 시간 아빠의 부재를 용케 견뎌준

그대들의 청춘을 기리며

⋮

부디 아름답기를!

불편함의 교육학
대안교육학과 교수 이병곤의 교육에세이

초판 1쇄 발행 2026년 1월 12일

지은이　　이병곤
펴낸이　　이영선
책임편집　김선정

편집　　　이일규 김선정 김문정 김종훈 이현정 조유진
디자인　　김회량 위수연
독자본부　김일신 손미경 정혜영 김연수 김민수 박정래 김인환

펴낸곳 서해문집 | 출판등록 1989년 3월 16일(제406-2005-000047호)
주소 경기도 파주시 광인사길 217(파주출판도시)
전화 (031)955-7470 | 팩스 (031)955-7469
홈페이지 www.booksea.co.kr | 이메일 shmj21@hanmail.net


ISBN 979-11-94413-83-7  03370

# 불편함의 교육학

대안교육학과 교수 이병곤의
교육에세이

이병곤 지음

서해문집

**1.**

문신을 하고 싶었다. 40년 동안 선망했다. 등에 가득한 용 문양처럼 남을 위협하는 형태 말고, 팔목이나 귓불 아래 목선 어디쯤, 옷자락 끝에 살짝 드러나는 소박한 문신 말이다.

문신에 대한 사회의 편견이 훨씬 줄어들었음을 느낀다. 향후 영원히 지워지지 않을 어떤 상징물을 자기 신체에 새겨 넣는 행위가 내게는 여전히 경이롭게 여겨진다. 그 일을 '감행'한 사람은 얼마나 용감한가. 문양을 새겨 넣을 때 고통을 견디는 일도 쉽지 않겠지. 그보다 문신 새기기를 마친 후 사람들이 보내는 시선까지 달갑게 받아들이겠노라 결단이 서야 한다. 두 가지 심리적 조건을 충족하지 않으면 '문신 행동'이란 발생하기 어렵다. 예전 사람들은 문신을 '귀속과 낙인' 또는 '하위문화의 결정체'라 하여 업신여겼다. 최근 들어서야 문신을 '저항 정신'과 '자기 결정권 선언'이라 바라보면서 '신체의 정치학' 관점에서 논의하기 시작했다.

2.

　　1990년대 중반. 공교육 체제에 몸이 갇혀 있던 아이들이 더는 못 견디고 '튕겨 나왔다.' 자퇴, 등교 거부, 심지어 자살이라는 극단적 선택까지 주저하지 않았다. 교내에 남아 있던 아이들은 모든 의욕을 거둬들인 채 책상 위에 엎드려 잠든 척 하는 방식으로 소극적 저항을 지속했다. 대안학교가 출현했던 시기가 이 무렵이다. 많은 대안교육 실천가들이 저마다 올바르다고 생각했던 교육을 상상하고 실행했다. 하지만 정녕 무엇을 '대안'이라 바라보는지 서로 깊이 논의한 적은 별로 없었다. 대안학교 바깥쪽 사람들이 대안교육을 '특별한 교육 프로그램'으로 좁혀서 바라보던 편견도 이때 생겨났다.

3.

　　교육은 감응(感應, responsiveness)에서 시작된다는 것을 교육자와 교육행정가들은 모른 척했다. 학생의 말, 표정, 침묵, 몸의 긴장을 간파하여 그들에게 '괜찮냐'고 묻는 것부터 감응의 첫 단계가 이뤄진다. 하지만 학교는 빠른 속도를 원했다. "감응? 그래서 뭐 어쩌자고?" 되묻는다. 아이들 한 명 한 명의 감정과 마음 상태를 챙기려다가는 전달해야 할 지식의 총량을 제때 쏟아붓지 못한다. 학교는 끝없이 효율성 압박에 시달린다. 시간이 가난한 공교육에서 '감응'은 사치품 목록의 상단을 차지한다. 소통이 가로막힌 아이들은 여러 가지 신호를 보내기 시작한다.

왜 말하지 않았냐고요

언제나 미리 말했잖아요

괜히 방문을 쾅쾅 닫았겠어요

침대에 누워 일부러 발을 굴렀겠어요

눈길 마주친 적 오래됐잖아요

앞머리로 검은 커튼을 치고 다녔잖아요

휴대폰 배터리도 빼 놓은 채 이어폰 끼고 있었잖아요

카톡 상태 메시지 보셨잖아요

겨울잠 자는 곰도 아닌데 왜 불 끄고 있냐고

스위치 올려 준 적 많잖아요 (후략)

_이정록의 시 〈미리 말하렜잖아〉 중에서

위 시의 주인공 아이가 앞머리로 검은 커튼을 치고 다닐 때, 음악이 나오지 않는 이어폰을 끼고 다닐 때, 교사가 또는 그 어떤 어른 한 사람이라도 감응을 해주었다면 아이와의 관계는 다음 단계로 넘어갔을 것이다. 바로 공명(共鳴, resonance)이다. 독일의 사회학자 하르트무트 로자는 '공명'을 일컬어 "세계가 나에게 말을 걸고, 내가 그 말에 응답하며, 그 과정에서 상호 변형이 일어나는 역동적 관계"라고 정의한다.

돌아본다. 내가 외부 세계와 강하게 공명했던 순간은 언제였던가. 우연히 들렀던 영화관에서 쿠바의 어르신 음악가들이 연주하는 손(Son)이라는 장르의 음악을 들었을 때(부에나 비스타 소셜클럽). / 한 후배가 내게 이런 말을 전했을 때. "그 논문 줄기를 보면 형 생각을 줄곧 주장만 하고 있어요. 증명해서 드러내야 하는 핵심 내용은 쏙 빠진 채로 말이죠." / 저녁놀 지는 리버풀 근교 해변을 2킬로미터나 더듬어 걸었을 때. 자기 신체를 복제한 앤터니 곰리(Antony Gormley)의 조각품 100점(Another Place) 모두를 하나씩 확인하면서.

그 같은 순간 마음속에서 '쿵' 하는 소리를 들었거나, 정신이 아득해졌거나, 말할 수 없는 혼란에 빠져들었다. 파장은 오랜 여운을 남기며 지속됐다. '모든 작용에는 반작용이 있겠거니' 짐작하면서 왜 그런 자극이 내게 여파를 남겼는가 이해하기 위해 질문을 물고 늘어졌다. 공명과 혼란, 연이은 '이유 추적 행위'가 없었다면 나는 지금 같은 내가 되지 않았으리라. 자기 삶의 방향을 바꾸는 순간을 경험할 때 공명이 발생한다.

감응이 심리적 동조와 윤리적 각성을 작동시킨다면, 공명은 교육 주체들 사이의 관계적 울림을 촉발한다. 감응과 공명이 서로 상승 작용을 일으켜야만 '정보를 교환하는 마당' 또는 '훈육의 장'으로 설계된 학교 체계의 맹점을 뚫고 나올 수 있다. 선생의 관점에서 볼 때 스스로 느끼고 사유하는 주체로 학생을 기르려면 여간 부잡스럽고 성가신 게 아니다. 질문을 막고, 몸을 통제하고, 말을 잘 듣게 하여, 학교에 체류할 때 주어진 시간을 효율적으로 쓰도록 제어해야 실력 있는 교사라 배웠기 때문이다.

교내에서 효율적으로 통제되는 시간이 늘어날수록 감응과 공명의 발생 빈도가 줄어드는 반비례 관계가 성립한다. 감응-공명-시간 사이의 교육적 연계와 관련된 사유는 현장 실천가이자 교육연구자인 정용주 교장의 책《멈추지 못하는 학교》(2025)에 더 세밀하게 담겨 있다.

대안학교와 공교육 학교 사이에 가장 큰 차이점 하나만 들라면, 그간의 경험과 관찰에 바탕을 두어 나는 주저 없이 이렇게 말하련다. 학생과 교사가 '시간 사용에 대한 자유로운 결정권'을 가지고 있는 곳인가? 일반 학교에서는 수업 일수, 수업 시수, 연간 학사 일정, 시간표, 평가지표 모두 미리 결정되어 있다. 감응과 공명 발생을 싹틔울 시간은 고사하고, 아이들은 학급 안에서 의견 모으기, 뭉근하게 갈등 겪기, 어렵사리 합의하기 과정마저 급우들과 함께 나누기 힘들다.


4.

제천간디학교에서 아이들은 매주 금요일 가족회의를

열었다. 전교생과 모든 교직원이 다 모이는 주례 회의이고 학생회장이 진행한다. 가끔 어떤 주에는 의장이 "오늘은 토의 안건이 없습니다" 선언하는 날이 있다. 학생들은 박수와 함께 환호를 하며 강당을 나선다. 하지만 교내의 어떤 사안이 충분하게 의견 나누지 않고 결정되는 순간 어려움이 닥친다. 아이들은 왜 자신들과 협의하지 않고 일방적으로 결정했느냐고 항의한다. 난처한 주제로 열리는 회의를 싫어하긴 하나, 동시에 회의 없이 결정되는 사안에 대해서는 문제가 많다고 바라본다.

모순된 의식을 나는 모두 이해한다. 민주적인 방식으로 소통하기란 아이 어른 모두에게 그토록 힘든 일이다. 견디지 않고, 불편함을 감수하지 않고 절로 굴러가는 민주주의는 존재하지 않는다. 네덜란드 출신 교육학자 거트 비에스타 교수는 시민교육에서 요청되는 '어른다움'(grown-up-ness)을 강조한다. 그가 바라볼 때 어른스러움은 자신의 삶을 살아가고자 노력하는 방식을 뜻한다. 욕망을 추구하되, 자신의 욕망이 과연 자기 삶을 잘 살아가는 것에 도움이 되는지 방해가 되는지 끊임없이 자문하는 역량을 말한다. 자신의 욕망과 관계를 맺으면서 존재하기란 쉽지 않다. 우리는 학교에서 시간을 중심축으로 두고 살아가며 그 방법을 배운다. 불편하게. 견디면서. 이 요소를 없앤 채 체계와 규칙, 평가지표와 서열 짓기 속에 숨어 교육 전문가 흉내를 낼 때, 체계적이며 합리적인 듯 보이는 시스템은 내부에서부터 붕괴한다.

## 5.

한국 교육은, 멋진 문신을 열망했으나 막상 시술을 받을 때 속살이 아플 것 같아서, 또는 남들이 나를 어떻게 바라볼지 저어되어 결국 아무 일도 벌이지 않았던, 나의 무기력한 '무문신 40년' 같다. 입시 경쟁 체제를 버리면, 아니 다음 세대에게 수학과 과학을 가르치지 못하면 국가 경쟁력이 떨어질 것 같아 변화를 꺼렸을 것이다. 공정한 경쟁 체제 운영은 가능하고, 그 결과에 따라 직업적 차별을 두는 방식이 당연하다는 국민의 신념에 국가가 정면으로 어깃장 놓기에는 정치적 부담이 너무나 컸을 터이다.

그러는 사이에 인공지능(AI) 시대를 맞았다. 또 다른 변화의 계기가 쓰나미처럼 밀고 들어오는데, 교육의 기본 틀에는 별다른 변화가 없다. 당장 급한 과제가 생겨서 허겁지겁 물어보면 즉답을 전해주는 AI 데이터 센터는 앞으로 내 삶에 어떤 공명을 가져다줄 것인가? 쉽게 돈 벌고 싶고 가능하면 더 많이 소비하고 싶은 내 욕망 외에, 내가 어떻게 하면 어른스럽게 성장해나갈 수 있을지 AI는 알려줄 수 있을 것인가? 그것은 내 신체에, 내 불안과 아픔에 어떻게 공명하면서 새로운 삶의 리듬을 함께 만들어 갈 수 있을 것인가.

6.

이 책에 담긴 서른다섯 편의 글은 마치 튀르키예식 케밥처럼 '시간이라는 무형의 꼬챙이'에 꿰어져 있다. 책을 구성하면서 그간 작성했던 글을 추려서 분류하고 다듬었다. 글이 탄생했던 상황과 맥락에 따라 흥분하기도, 좌절하기도, 흐뭇해하기도, 탐색하기도 했던 때가 생각났다. 당시의 마음을 원형 그대로 전하기 위해 원문 고치기는 최소화하려 노력했다.

글을 쓴 공간적 배경은 두 곳이다. 제천시 덕산면에 자리한 제천간디학교와 대전시 중구에 있는 건신대학원대학교다. 시끌벅적했던 학교 현장에서 고즈넉한 연구실로 2년 전 장소 이동을 했다. 환경이 바뀐 첫해, 아이들 재잘대는 소리가 가끔 환청으로 들려왔다.

"모든 이론은 회색이며, 오직 영원한 것은 저 푸른 나무의 생명이다." 최근 들어 자주 머릿속에 떠오르는 구절이다. 본래는 괴테의 《파우스트》에 나온 표현이었지만, 러시아혁명 초기에 블라디미르 레닌이 발표한 〈전술에 관한 편지들〉(1917)에서 그가 재인용하여 더 유명해지기도 했다. 나는 이 문장을 뒤집어서 되뇐다. "저 푸른 나무의 생명이 영원하다는 것을 알고 있지만, 지금 당장은 회색 이론이나마 정립하라." 말장난이 아니다. 절박한 내 심정이다. 그간 대안학교 현장에서 내 몸이 흡수하며 공명했던 경험을 모자이크 방식으로나마 정리하고 싶다. 현재 대안학교 상황은 얼음이 녹고 있는 빙하 위에서 어쩔 줄 몰라 하는 북극곰 같은 형국이다. 지난 30여 년간의 대안교육 실천을 차가운 빙벽 아래 그대로 묻어둘 수 없다. 의미 있는 기록을 남겨야 하는 까닭이다.

모두가 편안함을 추구하는데 왜 개인의 마음은 갈수록 더 불편한가. 정보 공유 속도는 더 빨라지고 학교 시설과 환경은 훨씬 '스마트'해지는데, 어찌하여 우리 일상은 민주주의와 더 멀어져가는가. 서로의 마음을 '긁히지 않게' 하려 조심하는데 왜 갈수록 교육 주체들 사이의 관계 불안은 커져만 가는가. 찬찬히 되돌아보면서 성찰할 시간이 필요하다. 우리가 '불편함의 교육학'을 더 탐구해야 할 이유가 여기에 있다.

《가르칠 수 없는 것을 가르치기》(2022) 출간 이후 두 번째 책을 낸다. 《한겨레》 '세상 읽기' 칼럼은 내게 주어진 세상 밖 작은 소통 창문이었다. 창밖에 몇 사람이나 모였는지 모른 채 소심하게 교육 이야기를 몇 마디씩 전했던 흔적이기도 하다. 제천간디학교 재학생인 제자 서연준이 촬영한 사진 여러 장이 내 글과 함께 어우러지게 되어 흐뭇하다. 렌즈를 통해 사물을 따뜻하게 바라보는 연준이의 섬세한 인간미에 늘 매력을 느꼈다. 제천간디학교는 나의 교육적 상상력을 자극해주는 보물창고다. 교육 연구서나 보고서에 담긴 추상적 전문 용어 사이를 헤쳐나갈 힘을 공급해주는 마음의 고향이기도 하다.

이 책에 담긴 글이 우리 시대의 교육 현실을 과연 얼마나 변화시킬 수 있을지 의문이 든다. 그럼에도 글쓰기 외에 내가 실천할 수 있는 일이 또 무엇이겠는가 싶다. 앞으로 내게 허락된 '생물학적 시간' 안에는 대안교육 현장과 교육 이론 사이의 가교 놓는 일에 매진하려 한다. 다행히 우리 대안교육학과에는 공교육 학교와 비인가 대안교육기관에서 매일 치열하게 살아가는 교사 30여 명이 깃들어 있다. 현장과 이론 분야 경험을 두루 거쳐온 연구자들도 내 곁에 가까이 계신다. 이종태 석좌교수, 여태전 교수, 하태욱 교수, 정유진 교수. 이만한 축복이 또 어디 있을까. 적은 수이지만 외롭지 않다. 이분들과 함께 대안교육 생태계를 만들고, 거기에서 뿜어나오는 미진한 힘으로나마 강퍅한 현실을 개혁해나가려 한다. 독자들께서도 손 내밀어주시리라 믿는다. 척박한 환경 아래 경이로운 노력으로 대안교육 현장을 일궈온 실천가들에게 진심으로 존경하는 마음을 보낸다.

2025년 12월 24일
건신대학원대학교 연구실에서

## 3 이상주의가 뭐 어때서요?
## 승리하는 실패를 위하여

* 이 책에 실린 다음의 사진은 2026년 현재 제천간디학교 5학년(고2) 서연준 학생이 촬영, 제공한 것입니다: 33쪽, 42쪽, 52쪽, 81쪽, 94쪽, 108쪽, 141쪽, 157쪽, 170쪽.

살아 숨 쉬는 생명공동체

마을
가족
학교

1

# 백일홍 다이너마이트처럼

**푸른이 엄마의
어느 '성장' 이야기**

어떤 사람이 되길 바라는 마음이 없어요. 푸른이는 게임 말고는 특별한 관심 분야를 아직 못 찾았어요. 다른 사람에 관해 이야기할 때는 정중합니다. 공격하는 말을 듣지 못했죠. 아이 마음에 화가 없으니 예의를 잘 지켜요.

중학교 2학년 때 한 학기 휴학했어요. 누구에게든 가장 예민한 시기라고 하겠죠. 그 당시 아이 마음속에 깃들어 있던 휴학 사유는 '민감 정보'라서 자세히 말씀 못 드려요. 휴학한 다음 아이는 이곳 덕산면에서 충주시까지 권투를 배우러 다녔어요. 우리 식구는 귀촌해서 학교 맞은편 마을에 살거든요. 집 나서는 길에 버스를 타면 같은 학교 재학생들을 자주 봅니다. 아이는 그 어색할 수 있는 마주침을 꺼리지 않았어요. 권투 도장을 한 달쯤 다니다가 어느 날 자기 짐을 챙겨 오더니만 "학교로 돌아가겠다"고 말하더군요.

푸른이는 자기 마음을 정리하기 전까지 말을 아끼는 편이에요. 저는 왜 복학 결정을 했느냐 물었어요. 권투 연습하러 버스 타고 나갈 때 재학생 친구와 선후배들을 바라보면서 "이들과의 관계를 이렇게 끝내서는 안 되겠다는 느낌이 들었다"고 하더군요. 성장하는 아이 곁을 지켜보니 끝났다고 느끼는 그 순간이 사실 끝나는 게 아니더라고요. 흙탕물이 가라앉기를 기다려야 합니다.

한때 푸른이는 방, 거실, 화장실, 그리고 게임 세계 사이를 무한 반복했어요. 계절이 한 번 바뀔 때라야 집 밖으로 빠끔히 나오는 것 같았어요. 진정으로 본능에 충실한, 행복한 아이였죠. 저는 이상한 엄마인가 봐요. 그 상황이 아무렇지 않았어요. 제 삶을 돌아보니 사람 일생에서 푸른이처럼 살 수 있는 기간이 그리 길지 않더라고요.

'백일홍 다이너마이트'라는 식물 이름을 들어보셨는지요. 화원 아저씨 권유로 막대처럼 생긴 것 한 주를 사 왔죠. 화단에 꽂아놓고 아무리 기다려도 꽃이 안 피어났어요. 마당에 박혀 있는 미운털 같았죠. 마을 사업과 덕산면 지역아동센터 누리꿈터 일에 바빠서 정원 돌보기를 잊고 지내던 어느 날, 문득 마당을 내다봤어요. 초록빛 잎과 새빨간 꽃이 일시에 화사하게 피어나 있는 거예요. 초라했던 나무 작대기가 그토록 기막힌 반전 매력을 품고 있을 줄은 전혀 몰랐죠.

아이들은 "학교에서 배우는 거 별로 없다"는 말을 달고 살죠. 하지만 지금 푸른이를 포함한 우리 간디학교° 4학년(고1) 아이들이 꽃망울 터뜨리는 모습을 보세요. 백일홍 다이너마이트처럼 그냥 잠시 놔두고 부모는 자기 일에 집중하면 됩니다. 딱 부러지게 가르기는 어렵지만 저는 푸른이의 성정이 이 학교에서 빚어졌다고 봅니다. 배움공동체에 배어 있는 독특한 공기가 아이 성장에 필수 자양분이 된 것이죠.

같은 학년 친구들이 올해 들어 5월 대동제, 10월 축제, 개교 25주년 행사를 근사하게 치러내는 모습을 보면서 푸른이는 가슴이 벅찼대요. 지난 세월 동기들이 내성적인 데다 마냥 순진하기만 하다고 생각했는데, 자신들이 특정한 역할을 맡으니까 척척 잘해내는 것을 보고 감탄하더군요.

청소년기 6년은 길어요. 그렇다 보니 학교생활에는 생체리듬 같은 것이 있어요. 1~2학년 때는 놀기와 친구 사귀기에 집중하고, 3학년부터는 논문을 쓰기 시작합니다. 4학년에 오르면 학생회를 맡아 학교의 일상을 운영하고, 자치 조직을 이끌어가죠. 이런 역할과 과제가 아이들 마음속에 어떤 흐름을 만

○ 제천간디학교는 중고교 통합 6년제 대안학교다.

들어내요. 아이들은 그 파도를 타면서 오르락내리락합니다. 어른들은 늘 파도와 정면으로 맞부딪치라고만 말해요. 안 될 일이죠. 그러면 아이들은 쓰러집니다.

제 아들 푸른이는 누군가에게 자랑할 만한 요소가 많지 않습니다. 하지만 저에게는 재미있고 따뜻한 친구입니다. 얼마 전 개교 25주년 기념 뮤지컬에 제가 잠시 출연하기 직전이었어요. 무대 근처로 다가와서 "엄마, 파이팅이에요!" 하고 속삭여줬습니다. 또 제가 자는 사이에 김장 때 필요한 김치통 여러 개를 모두 차에 실어놓기도 했어요. 아침 출근길에 하려면 시간이 없을 거라면서요. 삶이 먼저라는 생각이 듭니다. 내신 성적과 수행평가, 수능시험 준비에 치이면 아이들이 어떻게 자신의 주변을 챙기겠어요.

부모가 중심을 잡고, 시간을 견디면서 자녀 성장에 대한 불안감을 헤쳐가야 합니다. 곤샘이 늘 말씀하시는 '애정 어린 무관심'이 아이들 대할 때 가장 좋은 마음가짐이라 생각해요.

● 제천간디학교 4학년 백늘푸른의 어머니 김미애 씨와 나눈 대화를 재구성함.

# 봄날 조심스레 쥐어본 어느 손

**살아 숨 쉬는
생명체, 학생**

"곤샘, 저랑 뛰실래요?"

'4·16, 4·19 기념 마라톤' 행사 날 아침. 출발을 기다리며 월롱리 마을회관 앞에 옹기종기 모여 있던 아이들 틈에서 한 소녀가 다가와 깜짝 제안한다. 입학한 지 두 달 돼가는 권재인이었다. "어? 어~. 그러지 뭐"라고 답했다. 화들짝 놀란 마음, 들키지 않으려 애쓰며.

사실 이 행사는 마라톤이라기보다는 6킬로미터 남짓 농로를 따라 학교까지 걷기에 가깝다. 공식 명칭에 담긴 역사적 의미보다 '과연 누구랑 손을 잡고 갈 것인가'에 아이들 마음은 기울었다. 성별, 선후배 가리지 않고 함께 걷고 싶은 상대에게 '단짝' 신청을 할 수 있기에 더 그렇다. 단짝 제안에 수락했을 때 터뜨리는 환호성과 거절 의사를 확인할 때 흐르는 탄식이 4·19혁명 기념일 즈음 학생생활관 하늘마루에 가득하다.

"우리 학교에서 교장은 무슨 일을 하는 건가요?"

"왜 3학년 때 논문을 꼭 써야 하나요?"

"대안학교로 오신 계기는 뭐였어요?"

출발한 지 40분이 지났는데도 재인이의 질문은 그치지 않는다. 4월 하순으로 접어드는 날 햇볕은 따가웠고, 하늘은 짙푸르렀다. 숨이 차오른다. 맞잡은 손에 땀이 찼다. 우리는 누가 먼저랄 것도 없이 손을 놓고 걸었다.

재인이는 쌍둥이 남매 가운데 동생이다. 지난해 여름 아버지가 운전하면서 틀어놓은 라디오에서 우연히 인터뷰를 들었단다. 내가 출연했던 공영방송 프로그램이었다. 그길로 학교를 알아보고 두 아이 모두 용감하게 입학지원서를 냈다. 우연이 맺어준 인연이었다.

걷기 경로 중간에 학생회 아이들이 설치한 행사 부스와 기념사진 촬영 지점이 나타났다. 4·16이나 4·19와 관련한 역사 퀴즈 맞히기, 단짝과 사진 찍기 등을 마치고 다시 걷는다. 사진기 앞에서 기록을 남기느라 재인이 손을 다시 꼭 쥐었을 때, 내 마음속에 감각 이미지 하나가 퍼뜩 떠오른다. 어린 시절 안방으로 잘못 날아든 작은 참새를 손에 쥔 적이 있다. 양손을 타고 흘러 몸 전체로 퍼져나갔던 작은 생명체의 신비로운 박동. 그것은 전율처럼 내 몸속을 스쳐 지났었지.

'조심하다'라는 말에서 조(操)는 '손[扌]으로 나무[木] 위에 있는 새[品]를 감싸 쥐는' 모양에서 왔다고 한다. 손으로 새를 쥐는 마음이 곧 '조심'이다. "손으로 새를 쥐는 일은, 내 손으로 새를 보호하는 일이면서, 내 손으로부터 새를 보호하는 일이기도 하다. 내가 내 삶을 지켜야 하고, 나로부터도 내 삶을 지켜야 한다."(신형철,《인생의 역사》)

한 소녀가 중학교 1학년 때 겪은 일이다. 침울하고 소심해 보였던 친구의 글을 글쓰기 수업 시간에 들었단다. 당시 수업을 맡았던 '곽 선생'이 읽어줬던 거다. "그 애의 글은 문장도 단어도 엉망진창으로 틀린 글이었다. (…) 글을 들은 뒤에 나는 그 애가 안쓰러워졌지만, 동시에 그가 전하는 슬픔이 너무 빛나서 놀랐다. 누군가의 외로움이 부러운 건 처음이었다. 글쓰기의 세계에서는 가진 것보다 잃은 것이 더 중요한 것 같았다."

그날 수업을 계기로 이 '중딩' 소녀는 자기 주변에 널려 있는 결핍을 샅샅이 살피고 다녔다. 다행히도 소녀가 머물던 기숙사에는 수많은 인물과 목소리들이 살아 숨 쉬고 있었다. 그즈음이었다. 작가가 되고 싶다는 마음을 세웠던 게. 대안학교 출신인 이슬아 작가가 십수 년 전 겪었던 이야기다.(이슬아, 〈열네 살, 나는 글을 쓰기로 했다〉,《볼드 저널》14호)

우연에 또 다른 우연이 겹쳐 재인이가 새처럼 날아 내게로

왔다. 그뿐이랴. 5월의 햇살처럼, 바라보기만 해도 눈부신 아이들 107명이 제각기 다른 사연을 안고 찾아와 지금 내 곁에 있다. 호기심을 잔뜩 품은 채, 활달하게 살아 있는 중1 아이들에게 곧 질풍노도가 덮칠 것이다. 결핍과 생채기를 발견하면서 전혀 다른 심리적 세계를 아프게 겪어내겠지. 그럼에도 아이들은 어느 방향으로든 성장할 것이다. 작가 이슬아가 그랬던 것처럼.

"저랑 뛰실래요?" 물으며 아이들이 내게로 온다. 가슴 벅찬 일이다. 너무 느슨하게 쥐어서도 안 되고, 너무 꼭 조이면 숨이 막힌다. 기회와 위기 사이를 덧댄 곡선 위를 아슬하게 걸으며 내 삶과 아이들 곁을 지키는 일, 교육자의 길이다. 도착 지점이 다가온다. 결승선 테이프를 들고 선 학생회 아이들이 저 멀리에서 아른거린다. 산자락 끄트머리에 '조심스레' 학교 건물이 앉아 있다.

# 허술한 완벽주의자의 그림 1만 장

**마음을 기울이는
기술**

'나를 한 번만 더 달에 데려다줘~.' 가수 정우 씨의 〈나에게서 당신에게〉가 배경음으로 흐르면서 '학교의 일상을 담은 뮤직비디오 애니메이션' 첫 장면이 시작됐다. 아이들은 일제히 "와~" 탄성을 내질렀다. 몰입하느라 유지됐던 침묵과 잠깐의 환호성이 4분 30초 동안 여러 차례 오갔다.

강당 문을 나섰다. 운동장 가장자리를 배회한다. 뭉클한 감동의 여진이 가시지 않는다. 1만 장. 방금 본 영상을 만드느라 이예은이 1년 새 그린 그림 총량이다. 아이는 귀농한 부모 따라 우리 학교 근처로 이사왔다. 초등 1학년 때라 했다. 마을 친구들에게 돋보이고 싶어 만화책 그림을 따라 그렸다. 미야자키 하야오 감독의 애니메이션 영화를 즐겨 봤다.

제천간디학교 중3. 이들에겐 넘어야 할 문턱이 있다. 논문 제출. 입학 뒤 2년간 신나게 놀다가 부딪히는 첫 난관이다. 10월 말까지 200자 원고지 300매 가까이(5만 5000자 안팎) 글을 써내야 한다. 논문 총괄 담당 교사는 1학기 동안 논문 작성법 강의를 진행하며, 온라인 카페를 열어 학생들의 진행 상황을 점검한다.

"이거 만드느라 4년 모은 용돈 다 썼어요. 우선 맥북을 샀어요. 그림 입력에 필요한 액정 태블릿, 편집용 소프트웨어인 '클립 스튜디오 이엑스(ex)'도 필요했죠."

자신은 화장품이나 옷에 관심 없으니 괜찮았다고 배시시 웃었지만, 이쯤 되면 아이는 논문 쓰기에 모든 걸 다 건 거다.

교사회는 논문 작성 방식을 연구·작품·프로젝트, 이렇게 세 갈래로 나눴다. 어떤 것을 정하든 자신의 탐구 활동을 논문 형식에 담아 제출해야 한다. '교내 전기 사용 줄이기 운동과 그 결과에 대한 보고'를 주제로 잡았다고 가정하자. 아이는 교내 캠페인 펼치기, 현황 조사 등 여러 데이터를 모아 정리하고, 그것을 논문으로 작성해야 한다. 전문가 평가와 참여자 반응까지 본문에 포함하는 것은 필수다.

10월 말, 이틀에 걸쳐 온종일 최종 발표회를 연다. 구성원 전체가 강당에 모이는데, 이날은 학부모들까지 참관하기에 규모가 제법 크다. 발표와 질문에 배정한 시간은 30분. 중3 연구자에겐 가슴 콩닥거리는 날일 수밖에 없다.

"그냥 하다 보니까 되더라고요. 유튜브 검색하면 애니메이션 제작 방법은 많아요. 여름방학 때 미술대학 교수님이 진행하는 '키즈툰애니틴스쿨' 강좌를 신청해서 들었죠. 실무를 익힌 건 아니지만 '그림이라는 물체'를 움직이게 하는 원리를 배우긴 했어요."

미술학원 하나 없는 덕산면. 여기 살면 모든 게 독학이다. 그게 되레 장점으로 작용한다. 배움 의지가 솟는 것이다. 대개 논문을 다 마친 사람은 자기 글뿐만 아니라 전공했던 주제조차 한동안 다시 쳐다보기 싫어한다. 자신을 '허술한 완벽주의자'라 자처하는 예은이는 그렇지 않았다.

"광주광역시가 주관하는 공모전에 새 작품을 내려고 해요. 더 나은 애니메이션 제작 방법을 유튜브에서 찾아봤죠. 딱 봐도 영어로 된 자료가 더 낫다는 건 짐작하겠어요. 근데 자세히 알아들을 수 없어 답답했어요. 휴대전화 어플(앱)을 내려받아서 혼자 영어 공부를 하고 있어요. 연회비가 9만 원이나 하지만 그래도 제가 원하는 걸 배우니까 재미있어요."

동급생 가운데 '수줍음 지수' 최고인 예은이. 하지만 이 말을 내게 전할 때 반짝이던 눈빛은 예사롭지 않았다.

창의력과 끈기, 집중력을 발휘해 논문 과정을 마친 아이들 사례는 너무나 많다. 시간, 관심, 조언, 정보 제공만 이뤄지면 누구나 이 교육과정 목표를 성취할 수 있다. 요즘 미래사회와 미래교육 이야기를 자주 듣는다. 그게 별건가. 학교는 아이들에게 관심거리와 의미 있는 활동을 제공하는 역사(驛舍)가 되어주고, 아이들은 각자의 플랫폼에서 교사의 조력을 받아 집중하고 싶은 것에 깊이 빠져들면 된다.

《몰입의 즐거움》을 쓴 미하이 칙센트미하이는 말한다. "관심을 다스릴 줄 안다는 것은 경험을 다스릴 줄 안다는 것이며, 그것은 곧 삶의 질로 직결된다." 관심을 다스리기 위해 무엇을 배워야 할까. 활동 그 자체를 즐기는 일이다. 이 과정에서 인간은 자신이 뜻한 곳으로 마음을 기울이는 기술을 터득한다. 경험이 만족스러운 성과로 쌓일 때 우리는 비로소 배움을 즐긴다. 예은이가 걸어가며 보여줬던 길이다. 아이의 집중력과 끈기에서 나도 한수 배웠다.

왔?
슈

# "당신의 스페셜티는 무엇인가요?"

**대안학교 졸업 후
진로가 궁금한 사람들에게**


한별은 졸업 직후인 2016년, 자기 질문에 대한 답변 수단으로 '공부'를 선택했다. '대안대학 지식순환사회적협동조합(지순협)'에서 인문학을 배운다. 자신이 누구이고, 잘 산다의 의미가 무엇인지 찾고 싶었다.

한별은 대안대학 지순협에서 철학자 앨프리드 노스 화이트헤드의 사상을 중심으로 졸업논문을 쓴다. 그 과정에서 자신이 안고 있던 문제의 본질을 발견했다. 제천간디학교를 졸업하고 나니 재학 시절 익숙했던 대안적인 가치들이 '단추만 누르면 꺼지는 텔레비전 화면처럼 내 삶에서 자취를 감추는 현상'에 의문을 품고 있던 터였다. 원인은 생태라든가 평화 같은 거대 담론과 가치를 당위로만 받아들인 탓에, 그것을 자기 관점에서 소화하고 삶과 연결 지으려 시도하지 못한 데 있었다.

대안대학을 마친 동학들과 독립 작업자 모임 '삼색불광파'를 만들었다. 공부했던 내용을 자기 언어로 표현하고픈 청년들의 욕구가 컸다. 이들을 받아줄 제도나 발표의 장이 없었기에 저널 하나를 만들어보자는 데 의기투합했다. 집필, 편집, 출판, 홍보까지 나눠 맡았다. 이 과정을 거쳐《삼합: 스스로 생각한다는 것》창간호가 탄생했다. 한별은 질문을 던지며 자기를 발견하는 과정에서 청년들끼리 서로 지지해줄 수 있다는 사실을 체득한다.

정치 관련 스타트업 회사에서 3개월간 짧은 인턴을 할 때였다. 생존을 위해 자기 능력을 팔아야 하는 세상을 그곳에서 처음 겪는다. 회사 대표가 "당신의 스페셜티(specialty, 특기 또는 전공)는 뭐예요?"라고 물었을 때 한별은 '말문이 턱 막혔다.' 자신의 부족함을 스스럼없이 드러내고 다른 이들의 도움과 협력으로 함께 성장했던 문화의 바깥에서 처음 마주친 당혹감이었다.

제주도에서 열린 워크숍 참여가 평화에 대한 관심으로 이어졌다. 첫 직장을 평화 관련 단체에서 시작하게 된 계기다. 한별은 평화를 주제로 책방 운영, 교육과 문화 프로그램 기획, 평화여행 매니저까지 맡아 해봤다. 2년간 일하면서 돈을 많이 버는 직업보다 지향성 맞는 동료들과 함께 일하는 것이 중요하다는 사실을 깨닫는다.

올해부터는 자체 방학을 선언했다. 제천시 덕산면으로 돌아온 것이다. '나'다운 모습을 잃지 않고 살 수 있을지, 도대체 '나'답다는 것은 무엇인지 한별에겐 여전히 불투명하지만 말이다. '시골 언니 프로젝트'를 시작했다. 여성 청년 열다섯 명을 시골로 초청해 5박 6일간 캠프를 열었다. 안전하고 평등한 관계 속에서 각자 지닌 고민 나누기를 펼쳐갔다. 학교를 졸업한 이후 '공동체'라는 말만 들어도 진저리를 쳤건만, 어느새 한별은 도시 바깥의 삶을 꿈꾸는 여성 청년들과 느슨한 공동체를 만들고 있었다.

사회에서 살아보니 '개인의 행복이 가장 중요하다'라는 메시지를 학교가 다양한 방법으로 전해줬다는 사실을 새삼 알게 됐다. 앞으로 어떻게 살아갈지는 알 수 없다. 하지만 한별은 자기 삶을 스스로 설명할 수 있으면 괜찮을 것 같다고 생각한다. 서로를 존중하고 자신도 존중받는 느낌을 가지면서 고민을 함께 나눌 사람들과 동행하고 싶다. 이러한 실존적 판단에 이르기까지 다양한 사회적 경험을 거쳤다. 학생 혼자 교내에서 상상만으로 자기 진로를 결정하는 것은 불가능하다.

고학년 담임을 여러 차례 맡았던 우리 학교 김정환 선생은 말한다.

"외부 사람들은 우리 졸업생들의 진로가 무엇인지 자주 묻습니다. 우리 아이들 직업이 뭔지 궁금한 것이죠. 항상 대답하기 어려웠어요. 속으로 '어쩜 저렇게 단순하게 물을 수 있지?' 되물었어요. 그분들 질문 자체가, 별이처럼 없는 길 내느라 애쓰고 있는 청년들의 삶에 대한 모독이 아닐까 하는 느낌마저 들었습니다."

　편안한 삶을 살려고 현재의 고통을 참으면서 미리 준비하는 행동을 진로 선택이라고 보지 않는다. 나아갈 진(進), 길 로(路). 자기 판단과 선택에 따라 삶을 육중하게 움직여가는 방향이 곧 진로다. 환갑을 바라보는 나도 여전히 이 질문을 던지면서 산다. 어떻게 하면 좋은 삶을 살아낼 것인가? 각자의 삶을 살면서 이 질문에 정직하게 답변하도록 안내하는 과정이 곧 진로 교육이다. 통장 잔액은 아슬아슬하고 미래는 불안한데, 그래도 좋은 삶을 포기할 수 없기에, 여러 갈래로 난 길을 헤매면서 창조적 모색을 하고 있는 우리 시대의 숱한 한별들에게 존경과 찬사 그리고 지지하는 마음을 보낸다.

# 간디종합설비사 차릴까요?

**공간을 짓고
수선하고 돌보며**

제천간디학교 공간생산위원회(공생위). 멋들어진 이름이나 사실은 '근력'을 사용해 학교 시설을 개선하는 학부모 자율조직이다. 구성원은 40여 명인데 매달 한 번씩 작업에 참여하는 인원은 평균 15~20명 안팎이다.

충청북도교육청 폐교 역사 자료 기록을 찾아봤다. 선림초등학교. 1957년 개교, 1995년 폐교. 이 건물을 사단법인 간디공동체가 2002년에 인수해 현재까지 사용하고 있다. 오래된 건물이라 향토사적지 안에서 살아가듯 조마조마하다. 방수, 단열, 전기와 소방 시설 등을 세심히 지켜봐야 한다. 총면적 1600제곱미터 정도인 기숙사 건물 역시 늘 사람의 손길을 요구한다. 이런 어려움과 빈틈을 학부모들이 나서서 메워줬다.

기억에 오래 남는 작업은 2018년 8월에 벌인 '별방 재생 프로젝트'다. 건축가 고 정기용 선생이 설계한 우리 학교 기숙사 건물 안뜰에는 3층 높이의 구조물이 있다. '별 보는 방'. 모양은 아이스크림콘처럼 생겼는데 중심이 비어 있다. 아이들이 그곳에서 밤하늘을 올려다보면 초롱초롱한 별들을 볼 수 있다.

2017년 이른 봄. 이 별방에 원인 모를 불이 났다. 연기에 그을린 철골과 타다 남은 방부목들이 흉측하게 붙은 채 방치됐다. 당시 3학년이던 박우제가 내게 찾아와 '별방 리모델링'을 주제로 논문을 써보겠다고 제안했다. 7개월쯤 지난 연말. 우제가 논문에서 제안한 설계도를 보니 제법 쓸 만했다. 이듬해. 당시 이인호 공생위 위원장(건축설계사)과 조율해 우제의 설계를 실제에 적용해보기로 했다.

실행은 8월 두 번째 주말, 30도를 웃도는 폭염 속에서 이뤄졌다. 각자 그라인더, 드릴, 용접기, 목공용 원형톱 등을 이용해 낮은 층부터 3층 높이 공간에 매달려 동시 작업을 펼쳤다. 별다른 기술이 없던 나는 '잡부'의 소임을 다했다. 그라인더로 에이치빔을 갈아내거나 갈색 페인트로 철골 구조물 부분을 칠하기만 했다. 비계 사이에 설치된 작업 발판이 계속 움직였기에 덜덜 떨며 칠했던 기억이 생생하다.°

공생위의 손길이 닿는 곳은 교내 거의 모든 공간이다. 예초기로 잡풀 정리하기, 오일스테인 칠하기, 낡은 데크 보수, 기숙사 벙커침대 제작, 도서관 책장 추가 설치, 강당 내부 시설 개선, 밴드 연습실 리모델링, 지붕 누수 보수…. 작업을 거듭할수록 실력이 늘자 "다들 직장 은퇴하고 '간디종합설비사'를 함께 차리자"는 우스갯소리도 나왔다.

공생위가 작업을 마치고 나면 학교가 환해지는 기분이 느껴진다. 외부 손님들은 방문 후기에 "시설물들은 낡았지만 애정을 담아 고쳐 쓰고 돌보는 느낌을 준다"고 전한다. '공간 돌봄의 날'(공돌날), 여러 단위의 학부모 소모임들이 공생위 위원들에게 점심밥을 만들어 베푼다. 어떤 달에는 장학회에서, 다른 달에는 4학년 부모들이 맡는 식이다. 공돌날 점심 무렵 운동장 한구석에선 땀에 전 작업자들의 함박웃음이 연이어 터진다. 함께 일하면서 땀을 흘리다 보면 나이와 직업을 뛰어넘어서 사람들 사이에 더 깊은 우정이 싹튼다.

모든 일을 마친 뒤 저녁에는 간디마을센터에 모여 뒤풀이를 한다. 손재주가 형편없어 만년 잡부 신세인 나는 다른 공생위원들에게 유쾌한 놀림 대상이 되곤 한다. 즐겁기만 하다. 주말 공돌날은 다른 일정과 겹칠 때가 잦지만, 하루 동안 벌어졌던 에피소드를 막걸리 한잔씩 나누며 듣는 이 흥겨운 모임에

○ 이 별방 재생 프로젝트는 오정훈 다큐멘터리 감독(제천간디학교 졸업생 학부모)의 유튜브 영상으로도 볼 수 있다.

꼭 참여하려 애썼다. 수백 킬로미터를 운전해 초저녁에 합류한 적도 여러 번 있다.

올가을 공생위는 또 하나의 기념비적 프로젝트를 기획하고 있다. 간디마을센터 건물 뒤편에 신규 교사들이 사용할 소박한 관사를 지을 예정이다. 이 숙소는 졸업생들이 돌아와 '덕산면 몇 달 살이'를 시도하도록 빌려줄 수도 있다. 씨앗 기금도 3000만 원 정도 모았기에 일단 시작하려 한다. 작업 기간은 30~45일 정도를 예상한다. 공생위 위원들은 3~4개의 작업 모둠을 편성해 일감을 배분한다는 작전을 짜고 있다.

지난 7년간 공생위 조직이 성장, 분화, 발전하는 과정을 지켜보면 학부모들이 어떻게 대안적 공간을 형성해나가는지 확연히 짚어볼 수 있다. 처음에는 스스로 작은 힘을 보태어 학교 공간을 새롭게 생산하러 달려왔던 자조 모임이었는데, 어느덧 사람들 사이를 자연스레 연결하는 대안교육 마당의 중요한 축으로 변모한 것이다.

그건 그렇고…. 간디종합설비사 합류. 매력적인 은퇴 설계 같다.

# 그들이 돌아왔다

**귀환과 환대,  
'장소 정체성'을 생각하며**

후조 샘, 경수 샘 부부가 이곳 덕산에 돌아왔다. 2002년 과 2004년 자녀를 입학시키면서 간디공동체와 인연을 맺었다. 이후 경수 샘은 시설 관리를, 후조 샘은 학교 식당을 맡아 12년 가까이 학교를 지켰다. 내 의식 속에 두 분은 '환대'라는 단어로 각인되어 있다. 7년 전 아무 연고 없이 교장이 되어 일하러 온 나를 무조건 환영해주었다.

"샘, 따라오이소. 지금부터 샘을 납치하는 거라예."

부임 뒤 처음 맞이했던 초가을 어느 날, 후조 샘이 나를 운동장으로 불러내 승합차에 태우며 한 말이다. 근처 월악산에 단풍이 아름답게 물들어가는데 교장실에 갇혀 일만 하는 모습이 안쓰러웠단다. 송계계곡의 흐드러진 단풍을 구경했던 그날의 '업무 땡땡이'를 잊지 못한다. 나는 해마다 선생님들 생일이 돌아오면 작은 선물과 편지를 전해주는데, 그해 후조 샘 생일에 이런 시를 적어 축하해드렸다.

'(…) 이런 잘못 저런 허물/ 토닥토닥 다독이며/ 살뜰히 살아보자 웃음 짓는 그 모습/ 운동장 앞 가득 핀/ 수수꽃 아짐일세// 사람 챙겨 밥 먹이고/ 마음 챙겨 아이들 키우랴/ 나이 먹는 일도 영영 잊으신/ 제천간디의 서늘한 오지랖// 우리 누이/ 후조 샘'

인류학자 김현경은 책《사람, 장소, 환대》에서 이렇게 말한다. "우리는 환대에 의해 사회 안에 들어가며 사람이 된다. 사람이 된다는 것은 자리/장소를 갖는다는 것이다. 환대는 자리를 주는 행위이다." 긴 외국 생활을 떠올렸다. 그곳 사람들은 내게 자리는 내어주었으나 환대하지는 않았다. 이와 달리 환대하는 것 같으나 끝내 자리는 내어주지 않을 때도 있었다. 런던은 내게 '친절하게 무덤덤'했다. 신기한 일은 환대해주던 사람이 별로 없던, 런던이라는 회색 도시가 내 심연에 깊이 침투해 정서의 밑바탕을 이뤘다는 점이다. 같은 장소에서 오래 거주하는 일은 사람을 천천히 빚어내는 속성을 지닌다.

후조 샘 부부는 삶의 전환점이 생겨 우리 공동체를 홀연히 떠나야 했다. 5년 6개월 전이었다. 두 분을 위해 열린 소박한 이별 모임에는 침울한 기운이 가득했다. 나는 송별사를 읽다가 눈물이 왈칵 쏟아져 제대로 발음조차 못 한 채 겨우 마칠 수 있었다.

"두 분을 떠나보낸다는 것은, '식사 당번~ 식사 당번~' 하고 외치는 후조 샘의 낭랑한 목소리를 교장실 앞 복도에서 더 이상 듣지 못한다는 의미입니다. 굴착기를 움직여서 젖은 땅 고르고, 빗물에 무너져 내린 언덕길 보살필 손길이 더는 없다는 뜻입니다. 한가득 부식 재료를 싣고 식당 옆 언덕길을 빵빵거리며 올라오는 3805 스타렉스의 경적 소리를 듣지 못한다는 의미입니다. (…) 세상 모든 포유류 가운데 가장 슬픈 목소리를 들려주던 경수 샘의 아름다운 바리톤 음색을 덕산면에서 더 이상 들을 수 없다는 의미입니다."

'장소'는 객관적으로 존재하는 '공간'과 다르다. 우리가 지각하고, 상상하고, 체험하는 공간으로서 복잡한 의미망이 중층으로 겹쳐 있다. 누구나 자신이 살았던 특별한 때의 특정한 장소가 기억 속에 강렬하게 저장되어 있을 것이다. 그러한 장소 경험이 장소 애착으로 발전하며, 공유하는 목적이 있는 특정 공동체에 소속감을 느낀다. '장소 정체성'을 형성하게 된다. 2020년 국토연구원 조사에 따르면, 한국에서 가구별 평균 거주 기간은 7.6년인 것으로 나타났다. 평생 열 번 정도 이사하는 셈이니 과연 우리에게 장소 정체성이 남아 있을지 의문이다.

"지난 세월을 돌아보니까네, 간디공동체에서 일할 때가 제일로 보람되고 행복했어요. 바깥세상에서는요, 생업은 유지할 수는 있어도 사람 사는 재미가 없더라고요.”

후조 샘이 전하던 이 말씀이 아직 귀에 쟁쟁하다. 읍이나 면 단위 마을이 사라지지 않으려면 경수 샘 부부의 삶에서 귀한 단서를 얻어야 한다. 강렬한 장소 정체성을 어떻게 만들 것인가? ‘장소’에서 ‘사람’을 조건 없이 ‘환대’해야 한다. 이런 마음을 담아 며칠 전 열린 졸업식에서 축사 끝자락에 이런 말을 전했다.

“그때쯤이면 너희는 알게 될 거야. 덕산면을 가로질러 흐르던 작은 개울 성천이, 생활관에서 바라보던 서쪽 하늘 은하수가, 어찌하여 한사코 너희 꿈속에서, 나타나고 사라지고, 또 나타나는지, 그때쯤이라면, 그때라면, 너희는 알게 될 거야.”

용기 내어 다시 돌아오신 경수 샘, 후조 샘을 격렬하게 환영한다.

# "오, 이거 떼다 팔까요?"

**간디학교 장학회가
사는 법**

지난 몇 년 새 나는 간디수산, 간디제과, 간디네 즉석 떡볶이, 간디청과의 대표가 됐다. 뭐든 팔아야 한다면 또 다른 임의 업체의 대표가 될 운명이다. 나랑 상의? 그런 거 없었다. 대체 누가 이런 일을 벌인 걸까?

'제천간디학교장학회'(장학회) 부모들이 그러고 있다. 2년 전 쯤 장학회 밴드에서 판매 물품 광고를 올릴 때였다. 한 학부모가 '교장이라는 상징'을 가져다 이리저리 전자 명함을 만들면서 '놀기' 시작했다. 물건만 잘 팔리고, 덤으로 재미까지 누린다면 말릴 까닭이 없었다.

온라인 시장 '제천간디장학장터' 밴드와 오프라인 시장 교내 '장학카페'가 주요 판매 창구다. 학교 주변 농가에 도움 줄

만한 제철 농산물, 친환경 제품, 농수산 가공식품 같은 물품을 판매한다. 이를테면 귀농한 가정에서 기른 옥수수·바질에서 부터 무농약 생딸기잼, 꿀, 토마토, 양파, 통밀 시골빵, 생강청, 접이식 의자, 침낭 등 다양하다.

도예가 학부모는 자신이 제작한 다기 세트와 그릇을 판매품으로 내놓는다. 디자인에 능한 학부모는 홍보 포스터와 광고물을 제작한다. 자칭 '술판다 엠디(MD)'와 '즙판다 엠디'는 장터 분위기를 돋우는 바람잡이 노릇을 하느라 여념이 없다. 거래하면서 주고받는 재치 있는 댓글을 읽으러 밴드에 들르는 참여자들도 있다. 포도주 두 병을 산 가정에서 시음기를 올리면 댓글이 수십 개씩 달린다. 안주 자랑도 하고, 어떤 이는 부러움을 느끼고, 그러는 틈새에 엠디들은 슬쩍, 밉지 않게 추가 구매를 유도하고….

장학회는 2010년 학부모들이 시작했다. 총책임자를 이사장, 활동가 학부모들을 이사라 부른다. 수익 사업, 장터 운영, 홍보 기획, 장학카페 팀으로 나누어 담당자를 배치하고, 매달 여러 차례 업무협의회를 연다. 스무 명 안팎 이사들이 알뜰하게 살림하여 모은 장학기금은 한 해 5000만 원이 넘는다. 해마다 15명 안팎 재학생들에게 교육비를 지원했다. 설립 이래 지난해 말까지 12년간 4억 3000여만 원을 모아 학생 260명에게 도움을 줬다.

장학회의 주력 수익 품목은 김명철 사단법인 간디공동체 이사장(한의사)의 처방과 감수 아래 제조되는 '한방차'와 덕산면 마을공장에서 착즙한 'ABC주스'다. 특히 ABC주스는 간디공동체가 설립한 사회적 기업 '마을너머'의 스마트스토어 인터넷 쇼핑몰에서도 판다. 마을너머를 통해 자립 기반을 마련할 책임은 19년째 근무해온 교사로서 법인 사무국장을 겸임해온 황선호 대표가 맡고 있다. 마을과 학교는 결국 '사람'이 이어줘야 한다는 경험과 판단 아래 이런 시도를 해오고 있다.

학교 행사 날이면 장학회 '사업장' 둘레가 시끌벅적하다. 교장실 창문 너머로, 운동장 대각선 건너편에 있는 장학카페 컨테이너를 바라본다. 김이 모락모락 오르니 어묵탕이 끓는 모양이다. 두툼하게 속을 넣은 토스트 굽는 냄새도 가득하겠지. 밴드를 통해 미리 주문받은 물품 상자들이 바닥에 즐비하다. 그 곁엔 '아나바다'(아껴 쓰고, 나눠 쓰고, 바꿔 쓰고, 다시 쓰자) 장터 좌판이다. 전국 각지에서 이 산골까지 와야 하는 장학회 이사들. 재료와 기구들을 챙겨 새벽 몇 시쯤 출발한 걸까? 고마워서, 흥에 겨워서, 애틋해서 목울대 부근이 뻐근하다.

'자립'과 '상생'은 내게 이음동의어처럼 들린다. 서로 도와야 스스로 서는 게 가능하고, 자립할 수 있어야 누구든 도울 기반을 마련할 테니 말이다. 지난해 학교 시설 리모델링 때 자재비 급상승으로 돈이 모자랐다. 장학회 기금에서 상당한 액수를 무이자로 빌려 썼다. 고금리 시대에 엄청나게 큰 도움이었다. 장학금 덕분에 교육비 완납률은 늘 99퍼센트를 웃돈다. 한방차는 다른 대안학교 부모나 일반인도 살 수 있다. 살 때 도움을 주고 싶은 곳을 지정하면 수익금 일부를 모아 해당 학교로 재정을 지원한다.

댓글과 통화를 통해 물품 배송지 주소를 나누며 교류하는 기쁨, 아이와 학교에 대한 애착 형성, 좋은 일을 하고 있다는 즐거운 마음. 장학회는 이 모든 것을 이어주는 매듭이다. 지난해 말 경남 산청에서 열린 장학회 연말 모임에 나도 슬쩍 끼어들어 놀았다. 밤에 펼쳐진 술자리에서 반건조 오징어를 먹다가 나온 한 이사의 제안, "오, 이거 괜찮은데, 우리… 떼다 팔까?" 나는 이분들의 억척스럽고 고결한 정성을 다른 배움공동체에 떼다 팔고 싶다. 공짜로.

# 행위주체성은 '획득'하는 것이 아니다

## '잘 삶'이라는
## 교육의 목적을 생각하며

한 해 동안 학생의 '행위주체성'(agency) 개념을 자주 들여다봤다. 경제협력개발기구(OECD)가 내놓은 〈교육 2030〉[o] 자료를 읽다가 이 용어가 눈에 확 들어왔다. 이 자료에 따르면 행위주체성이란 '세계에 책임의식을 가지고 자신을 둘러싼 사람, 사건, 환경이 나아질 수 있도록 적극적이고 능동적으로 참여하는 것'을 의미한다.

학생 주도성, 높은 동기, 자율성 같은 개념도 있는데 왜 하필 행위주체성이라는 말을 썼을까. 〈교육 2030〉에서 내건 교

○ 정확한 자료 명칭은 다음과 같다. OECD(2019), OECD Learning Compass 2030, OECD Publishing. 더 자세한 정보는 다음 웹페이지 참조. https://www.oecd.org/education/2030-project/

육 목적과 관련이 깊다. 학생 개인과 그를 둘러싼 사회의 '잘 삶'이 교육하는 목적이란다. 효율성, 경쟁, 산업과 경제의 발전을 앞세우던 이 기구의 성격을 헤아려볼 때 예전과는 사뭇 달라진 시각이다. 문서 앞부분에 담긴 "급격하게 변화하는 세계에서 새로운 해결책을 찾아야 한다"는 구절에서 일종의 급박함까지 느껴진다.

스무 살 무렵 운전면허를 갓 취득한 뒤였다. 아버지가 내주신 차를 몰고 인쇄물을 배달하러 나섰다. 장대비 내리던 서울 마포구 공덕동 오거리를 어떻게 빠져나와야 할지 몰라 정신없이 헤맸다. 초보자에게는 위협적인 교차로였다. 내가 아무리 높은 동기 수준과 자율성을 가지고 있다 해도 이런 상황에서는 문제 해결에 아무런 도움도 되지 않았다. 나는 내 판단으로 위기 상황을 간파하고, 내가 가진 운전 실력과 침착한 태도로 그 교차로를 안전하게 빠져나와야 했다. 나는 내 생명과 아버지의 차, 그리고 다른 운전자들의 안전에 책임이 있다. 이런 절박한 맥락 아래 놓였을 때 나의 행동은 내 마음의 참된 '에이전트', 즉 대행자 같은 역할을 한다. 행위주체성에 입각한 행동이 이뤄지는 순간이다.

여러 논문과 자료를 읽어보니 행위주체성은 특정한 역량이나 기술과는 다른 특성이었다. 그것은 짧은 기간 훈련을 통해 '획득'되기보다는 오랜 시간에 걸쳐 '형성'되는 것에 가까웠다.

‘이차방정식의 근의 공식을 유도할 줄’ 아는 능력은 교사의 설명과 학생의 추론 및 훈련을 통해 비교적 빠르게 갖출 수 있다. 하지만 ‘국제 원자재 가격의 등락 폭이 큰 위기 상황에서 까다로운 외국 구매자의 요구에 맞추느라 팀원끼리 협력하여 새로운 제품 개발을 끝까지 책임지고 수행하는’ 사람의 마음은 하루아침에 만들어지지 않는다.

행위주체성은 행동하는 사람이 ‘내 삶을 무엇이라 바라보고, 어떻게 살 것인가’를 진지하게 고민할 때라야 올곧게 드러난다. 학생은 자기 학업이든 삶이든 그 자신이 ‘잘 살아보기로’ 마음먹어야 스스로 길을 찾아 나선다. 빗줄기 퍼붓는 오거리에 갇혔을 때 그곳을 빠져나오기 위해서는 의지와 침착성을 갖춰야 하는 것처럼 말이다. 좀 더 그럴듯하게 표현하자면, 행위주체성은 ‘사회적 맥락 안에서 발현’된다. 그것은 구체적인 기술이라기보다 상황에 맞춰 자기 능력과 헌신을 조절하면서 투입할 줄 아는 기민함에 가깝다.

아일랜드 초등 교육과정에서는 학생을 사회적 행위자로 간주하면서 학교가 가진 권한 일부를 교사와 공유하는 주체로 인정한다. 핀란드와 스코틀랜드에서도 혁신적인 정신 역량과 현상 기반 학습, 교사와 학생 사이 협력을 통한 학생의 행위주체성 강화를 교육과정 목표로 설정하고 있다. 현상 기반 학습은 학생들에게 현상을 관찰하고 깊이 생각한 다음 그것에 관해 스스로 질문할 기회를 주는 공부 방식을 이른다. 우리나라 교육부도 이런 흐름에 맞춰 '2022 개정 교육과정'을 작성했던 것 같다. '포용성과 창의성을 갖춘 주도적인 사람' 기르는 것을 목표로 삼았으니.

그런데 교육 분야에서 제안되는 이상적 지향은 이 질문 앞에서 멈춘다. "그토록 귀하고 좋은 것들을 학생들에게 어떻게 전할 것인가?" 행위주체성과 관련한 국내 연구 문헌들을 찬찬히 훑어보니 두 가지 허점이 있었다. 하나는 행위주체성을 키우기 위한 교육과정 구성 요소에서 시간을 확보하는 방안이 빠져 있었다. 두 번째는 학생이 행위주체성을 갖추는 데 꼭 필요한 또래, 교사, 지역공동체, 학부모와의 관계 맺음에 관한 방안이 없었다.

다시 말하거니와 행위주체성은 눈에 또렷이 보이는 지식이나 기술의 획득이 아니기에 숙성을 위한 '시간'과 '관계'가 필요하다. 생성형 인공지능(AI) 시대를 눈앞에 둔 시점이다. 미래 교육을 논의하면서 학습자의 적극성을 강조하는 숱한 문서들에서는 이 두 가지 핵심 요소를 간과한 채 하릴없는 말잔치만 거듭하고 있다.

# 학생인권조례를 구출하라

## 단지 차별받지 않을
## 권리

“앞머리 3센티미터 이하, 일명 스포츠형 무방.”

1978년 2월 말, 입학 예정 중학교에서 나눠준 안내문의 저 문구. 지금도 생생히 기억한다. ‘무방’이라는 단어가 ‘괜찮다’는 뜻이라고 아버지가 내게 일러주셨다. 목 앞에 훅(hook)을 채워야 하는 까만 교복을 입고 교문을 들어섰다. 엄한 규율 권력과 언어 및 신체 폭력이 난무하는 현장임을 이내 발견했다.

창피스러운 고백이지만 〈학생인권조례〉 전문을 한 달 전쯤에야 읽어보았다. 서울시의회가 제기한 ‘서울 학생인권조례 폐지 조례안’에 대한 효력을 대법원이 정지시켰다는 보도기사를 접하고 난 직후였다. 조례를 읽어내리던 나는 오래전 우리나라 헌법 조문을 꼼꼼히 살폈던 기억이 떠올랐다. 묘한 흥분이 일었다.

제5조(차별받지 않을 권리) ①학생은 성별, 종교, 나이, 사회적 신분, 출신지역, 출신민족, 언어, 장애, 용모 등 신체조건, 임신 또는 출산, 가족형태 또는 가족상황, 인종, 경제적 지위, 피부색, 사상 또는 정치적 의견, 성적 지향, 성별 정체성, 병력, 징계, 성적 등을 이유로 차별받지 않을 권리를 가진다.

다양한 처지에 놓인 청소년들을 현장에서 만나왔다. 가정이나 사회, 예전 학교에서 사소한 결점만으로도 놀림을 받았거나 무시당했던 경험이 있던 아이들. 새로 입학한 우리 학교가 자신에게 우호적이고 안전한 곳인지 확인할 때까지 긴장감을 내려놓지 못한다. 학교와 기숙사에서 함께 살아가다 보면 '작은 차이'보다는 인간으로서 '커다란 공통점'이 더 많다는 사실을 서로 알아차린다. 조례문 5조는 보편적 조문을 건조하게 진술할 뿐이다. 하지만 그것을 읽는 내 마음에서는 단어 하나하나에 걸려서 연상되는 인물과 사례가 떠오른다.

일부 보수단체들은 '임신 또는 출산', '성별 정체성' 부분을 집요하게 걸고넘어지면서 조례 폐지를 요구해왔다. 또 다른 우려는 〈학생인권조례〉가 교권을 제한할 수 있다는 목소리로 드러났다. 이런 문제 제기는 그 전제가 옳지 않거나 사실과도

부합하지 않는다. 위의 5조는 학생들이 지닌 이런저런 차이에도 불구하고 '차별받지 않을 권리'를 가지고 있음을 선언한 것이다. 게다가 위반 사항에 대한 시정 조치를 권고할 뿐이지 조례만으로는 위반자를 처벌하지 못한다.

한양대학교 김현수 교수 연구팀(2016)의《학교생활에서 학생의 인권보장 실태조사》를 보면 조사 항목부터 놀랍다. 학교에서 제한당한 경험의 종류에 두발 길이나 모양, 면티·양말 색깔, 치마·바지 길이, 화장·미용 제품, 동의 없는 소지품 검사, 직간접 체벌 경험 등이 담겨 있다. 내가 중학교에 입학했던 46년 전 풍경에 견주어볼 때, 학생 생활 규제에 관한 한, 왜 이렇게 달라진 것이 거의 없는가.

내가 우리 학교에서 관찰한 아이들은 머리카락이 길었다 짧았다 노랗다 빨갛다 반복하고, 화장은 불균형하게 짙어지다가 2~3년 이내에 조화롭고 덜 험악한 상태로 균형점을 찾아간다. 그냥 놓아두면 스스로 철이 들어서, 선배들 모습을 바라보면서, 때로는 해볼 것 다 해보니 '결론은 귀찮아서' 평범한 상태로 귀결된다. 김 교수팀은 〈학생인권조례〉가 제정된 지역과 그렇지 않은 지역의 재학생들을 상대로 위에서 열거한 항목별로 응답률을 비교했다. 조례 제정 지역 내 학생들이 9~26퍼센트 비율로 더 높게 각 항목에서 인권을 보호받고 있는 것으로 드러났다.

“○○아, 오늘 얼굴이 좀 부어 보이네?”

“어, 샘, 상대방 얼평(얼굴 평가), 몸평(몸매 평가) 금지!”

“아니야, 이건 네 건강 상태 걱정이라고.”

“그래도 오해의 소지가 있으니 조심하셔요. 흐흐.”

약간은 농담 섞인 교사-학생 사이 대화라도 얼마간 긴장감은 느껴진다. 얼핏 인권은 개인 대 개인의 문제로 여겨진다. 하지만 우리가 은연중에 받아들이고 있는 사회적 관행과 제도 속에 인권을 침해하는 요소들이 깊숙이 잠재해 있다. 경험 많은 대안학교 교사라 해도, 경계해야 할 습속이 의식과 무의식 속에 배어 있다. 학생들과 함께 살아가고 대화 나누면서 바로잡아가야 한다.

학생 인권이 결코 교권 확립과 대립하는 사안이 아니라는 얘기다. 현재 6개 시·도에 〈학생인권조례〉가 제정되어 있으나 보수적 정치 지형 아래 각 시·도의회가 여전히 그것의 폐지를 획책하고 있다. 부당하다. 상식과 증거에 기반을 둔 논의가 되도록 방향 전환을 촉구한다.

●참조자료: 공현&진냥, 《학교를 바꾼 인권 선언》, 교육공동체 벗, 2024

# 입법 유감

**'수업 중 스마트폰 사용 금지'에
대하여**

진보한 문명은 되돌리기 어렵다. 전진만 있을 뿐 뒤로 돌아가기 힘들다. 온종일 우리 손으로 감아쥐고 사는 스마트폰이 대표적이다. 내 일상은 화면 대각선 길이 16센티미터에 불과한 이 직사각형 전자기기 없이 반나절도 못 견딜 거다.

스마트폰 분실 경험을 떠올려본다. 낯선 길을 못 찾고, 송금, 다른 이들과의 소통, 하루 일정 관리, 뉴스 검색, 유튜브 시청 모두 어렵다. 인증 절차가 필요할 때 '내가 나라는 명백한 사실'을 온라인 체계 안에서 증명할 도리가 없다. 게임이나 웹툰을 좋아하거나 사진 또는 영상 촬영이 취미이거나 증권에 투자하는 사람들이라면 그 고통이 나보다 몇 곱절 클 것이다.

'수업 중 스마트폰 사용 금지' 조항을 포함한 초·중등교육법 개정안이 국회 본회의를 통과했다. 2026년 1학기부터 이 법의 효력이 발생한다고 들었다. 놀라웠다. 입법 과정에서 공청회 개최, 전문가 의견 반영, 어린이·청소년들의 목소리 듣기를 얼마나 세심하게 펼쳤는지 나는 자세히 모른다.

그저 딱 한마디를 나 자신에게 던져본다. "그대는 스마트폰의 영향에서 얼마나 자유로운가?" 잠들기 전 '유튜브 뮤직'을 틀어놓는다. 15분 뒤에 꺼지도록 설정해뒀다. 다음날 아침, 시계 앱 알람 소리에 깨어 일어나 하루를 시작한다. 스마트폰 없이 화장실 가는 게 불안하다.

이 작은 전자기기는 내 신체 기능의 확장인 동시에 마음과 영혼의 저수지 노릇을 온전히 떠맡고 있다. 그나마 나는 마흔세 살 무렵 스마트폰과 처음 만났기에 '디지털 거리두기'라는 심리적 저항이 살짝 남아 있을 뿐이다. 하물며 스마트폰으로 뽀로로에 빠져들고 아기 상어 노래를 배우며 자란 다음 세대는 어떻겠는가? 사정이 이러한데도 그들에게 신체 일부와 같은 스마트폰 사용을 법으로 제한한다고?

하기야 스마트폰은 그 출현 직후부터 세계 거의 모든 부모와 교사들에게 공공의 적이 됐다. 소파에 파묻혀, 식탁 의자에 앉아, 또는 침대 위에 비스듬히 누워 스마트폰 스크린에 열중하는 자녀와 학생들 모습이 걱정스러웠다. 그러거나 말거나 스마트폰은 더 빠르고 성능 좋은 칩셋과 고해상도 카메라를

장착했고, 그 사용을 다변화해줄 수만 가지 애플리케이션은 늘어만 갔다.

이런 상상을 해본다. 국회법 제13장은 '질서와 경호'에 관한 사항을 다룬다. 그 하위 항목 어디쯤, 예를 들어 '148조의4'를 신설해 "국회의원의 본회의장 내 스마트폰 사용 금지"를 추가하는 것이다. 이는 의원들의 품위를 유지하고, 회의 방해 행위를 사전에 막을 수 있는 공익 효과를 가진다. 전면적 예방조치다. 비꼬는 제안이 아니다. 지난 사건들을 떠올려보라. 국회의원이 스마트폰으로 선정적인 사진이나 키워드를 검색하다 들켰다. 차명으로 주식을 거래하거나, 상대방을 곤경에 빠뜨리기 위해 의도적인 정보를 흘려서 보도진 카메라에 일부러 노출하는 사건도 일어났다.

그러나 의원들의 스마트폰 사용 금지를 담은 국회법 개정이 이뤄질 리 없다. '일부 몰지각한 의원들의 행태'로 인해 대다수 선량한 의원이 피해를 보면 안 된다며 이유를 들먹이겠지. 하지만 무엇보다 그들은 자신이 누려야 할 편리나 권한을 축소하는 방향으로 입법권을 사용하지 않을 것이다. 똑같은 논리를 학생들의 수업 중 스마트폰 사용 금지 입법 조처에 적용해보라. 18~25세 사이의 청년 국회의원이 국회 교육위원회에 두 명만 있었어도 그와 같은 법안은 통과되기 어려웠을 것이다.

나 역시 부모이고, 선생 노릇도 했다. 어린 학생들의 스마트폰 중독과 그 폐해를 동시대 어른들처럼 똑같이 경계하며 걱정한다. 하지만 이렇게 서둘러서 '입법'으로 문제를 해결하는 일은 없어야 한다. 되레 이 문제를 어린이·청소년들과 진지하게 논의할 필요가 있다.

수년 전 제천간디학교에서 교내 스마트폰 과잉 사용 문제가 불거졌을 때가 기억난다. 숱한 논의를 거쳐 아이들이 내놓았던 해결책은 이러했다. 일과 시간 중 스마트폰은 '지붕이 있는 곳 아래'에서 사용 불가능. 무릎을 쳤다. 욕구를 충족하려면 당사자는 운동장이나 텃밭 쪽으로 나가는 수고를 감내하라는 것이다. 이번 초·중등교육법 개정을 무효화하고 다시 토론할 것을 요구한다. 다음 세대 아이들이 지닌 문제 해결 역량을 믿기 때문이다.

교사라는 존재가 곧 교육과정이다

인문과 예술
현실과 상상
현재와 미래

2

# 민요가 저항의 노래로 변할 때

**살아 있는
10월의 밤들**

청년 시절, 〈조니 당신을 못 알아볼 뻔했어요〉(Johnny I hardly knew ye)를 처음 들었을 때는 가수 존 바에즈의 창법과 음색에만 주목했다. 소박하고 아름다운 포크송인 줄 알았다. 당연했다. 영어 노랫말이 들리지 않았으니까.

이 곡은 아일랜드 민요로 애절한 내용을 담고 있었다. 조니는 1800년 초반 영국과 실론(스리랑카) 사이 전쟁에 나가 팔과 다리를 잃는다. 초췌한 몰골로 아일랜드 고향 마을에 돌아왔으나, 이 노랫말의 화자인 여인은 옛 애인 조니를 거의 알아보지 못한다. 후렴구에서 반복 등장하는 '드럼과 총,' 그리고 '훌쩍 훌쩍'을 뜻하는 의성어 '후루 후루'가 만드는 잔상이 오래 남는다.

길거리 발라드 형식의 원곡이 1960년대에는 반전(反戰) 포크송으로 변모해 서구 전체로 퍼졌다. 이 곡은 또 박자와 리듬이 단순하게 바뀌어 1980년대 한국의 대학가, 노동 현장, 거리 시위에 자주 등장했다. '후루 후루' 부분은 '○○○은 물러나라, 훌라 훌라'로 바뀌었다. 어디에서 불리든 애절함과 안타까움이라는 정서 속에 깊이 밴 저항 의식은 질량보존 법칙처럼 유지되고 있다.

아일랜드 민요 〈몰리 멀론〉(Molly Malone)도 생각난다. 더블린 시내에서 손수레를 끌고 다니며 해산물을 파는 아름다운 여인 몰리 멀론이 1절에서 소개된다. 그의 부모도 생선 장수였다. 몰리는 젊은 나이에 열병으로 죽게 된다. 이런 사연이 2절과 3절에서 이어진다. 아일랜드 포크 그룹 더블리너스가 연주하는 곡을 들어보면 몰리가 외치는 '꼬막과 홍합'(cockles and mussels)', '살아 있어요.'(alive alive o!) 부분이 인상 깊은 후렴구를 이룬다. 아일랜드 전통음악의 선율과 더블린 지역 악센트 덕분이다. 소박한 악기 틴 휘슬이 이끄는 도입부 역시 아름답고, 애절하다.

연약하고 애조 띤 선율을 가진 이 민요를 아일랜드 독립군이 군가로 애창했다. 영국 식민지 750년, 그리고 1845년부터 5년간 이어진 감자 대기근으로 100만 명 이상 굶어 죽어야 했던 이 나라의 비극. 오죽하면 아일랜드 작가 조너선 스위프트는 그의 작품《겸손한 제안》에서 이렇게 말했을까. "아일랜드 아기는 살아 있는 것보다 죽어서 먹히는 것이 더 낫다." 민초들이 몸으로 살며 겪은 엄청난 고통은 평범한 민요마저 독립 군가로 만들기에 충분해 보인다.

북부 이탈리아의 노동요였던 〈안녕 내 사랑〉(Bella ciao)도 이 맥락에서 빠질 수 없는 곡이다. 1943~1945년 파시스트 무솔리니와 독일 나치에 맞서 싸운 이탈리아 빨치산들이 즐겨 불렀다. 노랫말의 핵심 내용은 이렇다.

'어느 날 아침 일어나 보니 침략자들이 들어왔소. 나는 빨치산으로서 싸우다 죽을지도 모르오. 혹시 내가 전사하면 산자락 아름다운 꽃그늘에 묻어주시게. 사람들이 지나다 그 꽃을 보면 자유를 위해 싸우다 죽은 저항군이라 말해주오. 안녕 아름다운 내 사랑.'

역사의 기막힌 순간을 만나, 어느 날 빨치산이 되어 싸울 수밖에 없었던 이들. 평화로운 시기에 살았다면 이 병사들은 이웃과 사랑을 나누며 생업에 종사했을 평범한 시민들이다. 총들고 싸우다 죽더라도 꽃 아래 묻히고 싶다는 소박한 심경이 오히려 삶에 대한 더 간절한 기원처럼 들린다.

10·29 이태원 참사 이후 나는 고압선에 걸린 연처럼 무기력하게 일상을 흘려보냈다. 10월 28일. 35년지기 친구 부부를 만나 저녁을 먹었다. 10월 31일 밤. 그 친구 외동딸의 빈소에 다녀왔다. 참사로 아이를 잃은 친구는 이틀 만에 눈물이 말라

소리 내어 울 수조차 없었다. 11월 22일. 유가족 기자회견에서 그가 딸에게 보내는 편지를 읽는 모습을 화면으로 보았다. 참사 피해자와 유가족을 향해 일부 정치가들이 내뱉는 몰상식하고 비인간적인 발언들이 내 가슴을 후벼 팠다.

그리고 나는 직감했다. 바닥 민심에 거대한 쓰나미가 일고 있음을. 우리가 감내해온 이 엄청난 고통이 소박한 민요를 저항의 노래로 탈바꿈시킬 것임을. 민심이 부르는 간절한 노래를 겸허하게 들어야 할 시점이다. 이제 임계점에 이르렀다.

# 팍오가와 아이돌

**'학교 복잡계'에
필요한 것**

### # 장면1 – 팍오가

처음에는 길을 건너려고 찻길 가운데 선 사람인 줄 알았다. 인도네시아 자카르타 남쪽 간선도로에서 보았던 수많은 팍오가들. '민간 교통 신호수'라고 해야 할까? 우리나라의 출근길 또는 등굣길 교통정리 자원봉사자들과는 다르다. 인도네시아에서는 차량이 좌측으로 운행한다. 차들은 중앙선 건너편 차량의 흐름을 온몸으로 막아준 팍오가의 '헌신'에 힘입어 무사히 우회전을 마친다. 이때 도움받았던 운전자들은 빼꼼히 창문을 열고 1000~2000루피아(100~200원) 지폐를 그들에게 건네준다.

둘레를 살피니 도로 기반 시설이 열악했다. 인도를 편안히 걷기란 불가능하다. 울퉁불퉁한 보도블록, 부서진 콘크리트, 허술해 보이는 맨홀들이 장애물처럼 가로놓였다. 대도시의 도심, 부도심, 주변부 간선도로는 늘 교통체증 상태다. 그 길 위에 수많은 스쿠터와 차량이 뒤엉켜 있으되 마치 홍수로 불어난 거대한 하천처럼 거침없이 흘러간다. 신호등이나 교통경찰은 거의 볼 수 없다. 어쩌면 이 도시공동체에서 팍오가의 등장은 필연처럼 보인다. 공공 체계의 미비를 민간이, 약간의 웃돈을 얹어, 알아서 보완하는 일종의 슬픈 자구책이랄 수 있겠다.

## # 장면2 – 어쩌다 '아이돌' 체험

한낮의 햇살이 작열하던 7월 말. 인도네시아 보고르 지역 북동쪽에 자리한 공립 중·고등학교를 탐방했다. 방문단은 '아시아·태평양 대안교육 한마당' 참여자들 가운데 일부였는데, 그중 40여 명 정도의 한국인이 함께했다. 정문 안뜰에 들어서자, 인도네시아식 복장을 갖춰 입고 대열을 이룬 악대가 가장 먼저 눈에 띄었다. 대나무로 만든 전통악기 앙클룽을 연주하며 환영해주었다. 손님들이 자리를 잡자 곧 의식이 '거행'됐다. 인도네시아 국가가 울려 퍼졌고, 교장과 학생 대표가 순서대로 나와 '엄숙한' 분위기 가운데 학교 소개를 진행했다.

6개 학년에 걸쳐 재학하는 1014명 학생을 교사 35명이 가르치고 있는 평범하고 전형적인 남녀공학 학교였다.

환영 의식을 마치고 교내 시설을 둘러보는 시간이 왔다. 동선의 절반쯤 지나 학교 건물과 교내 텃밭 사이의 회랑을 거쳐 갈 무렵이었다. 무선송신기로 한국인 참가자들에게 통역을 하던 나는 거기서 멈출 수밖에 없었다. 거의 모든 학생이 건물 사이 통로와 복도, 운동장으로 몰려나왔다. 방문객이 통과할 때 홍해가 갈라지듯 저절로 2열이 만들어졌다. 횡렬로 줄지어 선 학생들은 우리가 지날 때마다 비명에 가까운 환호와 악수하기, 손바닥 마주치기를 지속했다. 이유는 오로지 하나. 아이들은 이날 '실물로 움직이는 한국인'과 처음 만났기 때문이다. 2000년대 초반부터 한국 드라마, 음악, 패션, 음식이 이 이슬람국가 청소년들에게 끼친 영향은 상상 그 이상이었다. 갑작스러운 '사태'에 어찌할 바를 몰라 당혹스러워하던 이 학교 중견 교사들 표정이 기억에 생생하다.


하루 간격을 두고 이토록 결이 다른 두 가지 체험을 했다. 하나는 체계가 안 잡힌 사회 안에서의 자생적 해결책 발생 현상이다. 팍오가의 사례가 그러하다. 다른 하나는 공립학교처럼 규율이 꽉 잡힌 조직 안에서 누구도 예측 못 했던 일시적 내부 균열 현상이다.

학교 조직은 간단하지 않다. '복잡계' 이론을 교육학적으로 적용해보고 싶을 만큼 역동성이 높다. 학생들이 진심으로 관심을 두고 있는 영역은 대중문화, 게임, 친구관계 등 거의 언제나 교과 바깥의 영역이다. 그러하기에 학생들의 '정신적 이중생활'을 곁에서 자주 지켜보았다. 흥미롭기도 하고, 애처롭기도 했다. 대안대학교로 운영되었던 '지식순환사회적협동조합'의 유상균 박사는 그가 펴낸 책《혼돈의 물리학》에서 이렇게 말한 적 있다. "우리 세계는 예측할 수 없는 혼돈과 우연의 바다 위에서 태어났다." 변화의 소용돌이 한가운데서 학생이 살아가는 한 학교 역시 그러한 세계 가운데 하나다.

학습 조직이라면 살아 있는 세포처럼 스스로 움직이기를 바란다. 세포가 단백질이나 핵산 등 여러 요소가 서로 작용하도록 조직화함으로써 생명 활동을 유지하듯 말이다. 질서가 부족한 곳에서는 자치를, 규율이 엄격한 곳에서는 유연성과 혁신의 흐름을 드높인다면 사실 모든 학습 조직이 대안교육기관이나 다름없다. 올해 한국의 여름 불볕더위보다 '서늘했던' 열대지방에서 이렇게 생각 한자락을 떠올려봤다.

# 삶과 시의 인생 변주곡

**뫼비우스의
띠처럼**


'부러웠어, 너의 껍질/ 깨뜨려야만 도달할 수 있는/ 진심이 있다는 거.' 개학식. 강당에 모인 아이들에게 잠깐 발언할 짬이 내게 주어졌다. 프로젝터를 켰다. 미리 준비한 시 한 편을 차분히 읽는다. 시가 노래하는 '대상'이 무엇인지 맞혀보라고 말한 터였다. 시구는 연이어 흐른다. '자꾸 잊어, 너도 누군가의 푸른 열매였다는 거/ 세상 그 어떤 눈도 그냥 캄캄해지는 법은 없다는 거.'

첫 번째 손을 든 아이는 수박이라 했고, 두 번째 아이가 호두라 답했다. 그렇다. 그 시는 안희연의 〈호두에게〉였다.

"'누군가의 푸른 열매였다'라는 구절을 읽으면서 아차 싶었어. 인터넷에서 '호두열매'를 입력했지. 호두가 건조되기 전에는 이렇더라."

매실처럼 싱그러운 열매 사진이 화면에 떴다. 아이들은 "우
와" 하고 나지막한 탄성을 내질렀다.

"58년 동안 호두를 보았고, 껍질 깨뜨려 맛나게 먹어왔어.
하지만 갈색 호두에게 초록빛 청춘이 있으리라고는 단 한 번
도 상상하지 못했어. 이 시를 읽기 전까지는 말이지. 갑자기 세
상 모든 호두에게 부끄러웠고, 미안해지더라."

여기까지만 할까 하다가 어쩔 수 없는 선생인지라 한마디
덧댔다.

"사람을 더 깊이 이해하고 싶지? 어떤 사물을 색다르게 보
고 싶어? 그러면 시를 읽어봐. 아니, 더 나아가 너희가 사용할
수 있는 다양한 언어의 세계를 확장해보렴. 이번 학기 목표를
그렇게 정하고 열심히 살아보자."

런던에서 공부할 때 온갖 종류의 문서와 마주쳤다. 돈을 벌
면서 살아남아야 했기에 공문서부터 화물선 설계 계약서, 국
제바칼로레아(IB) 핸드북에 이르기까지 내 읽기 목록은 한층
다양했다. 《가디언》을 주말판까지 구독하던 열독자였다. 원문
의 난이도에 따라 달랐지만, 집중력과 시간을 투입하면 그런
대로 읽을 만했다. 하지만 난공불락의 영역이 있었으니 바로
영시였다. 그때 깨달았다. '아하, 어떤 언어든지 그 말로 쓰인
시를 읽고 이해한다는 것은 그 언어의 정점을 간파해 잘 다룰

수 있다는 걸 뜻하는구나.' 그러니 다음 세대에게 무엇인가 전수해야 한다면 한국어의 꼭짓점을 찍고 있는 분야, 즉 시를 가르치지 않을 수 없다. 시는 국어 교과를 넘어서서 문명 교과라 본다.

한 학기에 한 번은 가방에 시집 30권쯤 담아 교실로 들어간다. 한 아이당 시집 3권을 무작위로 안긴다.

"너희 마음을 대신 말해주는 표현을 하나씩 골라봐. 자세히 읽을 필요는 없어. 이해하려고도 하지 말고. 그냥 책장을 넘기며 눈으로 글자를 쭈욱~ 촬영하다가 '아, 이거다' 싶은 대목이 있으면 표시해두길."

'어느 날 몹시 파랑치던 물결이 멎고/ 그 아래 돋아난/ 고요한 나무 그림자처럼/ 당신을 닮은 그리움이 생겨났습니다'(이성복, 〈비단길1〉). 오, 최근 연애 시작한 거야? 아뇨, 그냥 누군가를 막연히 좋아하기 시작하면 멋지겠다는 상상을 하고 있었어요.

'하므로 저술가들은 용서받지 못한다/ 그들은 질문하며 발뺌했기에'(장정일, 〈텅 빈 껍질〉). 질문받는 게 여전히 싫은가 보네. 그보다는 '발뺌'이라는 단어가 마음에 콕 박혔어요. 요새 제가 좋아할까 미워할까 망설이게 하는 애가 있는데, 걔가 꼭 그러거든요. 내 물음에 대답은 하지 않고 자꾸 딴청만 피워요.

최근 시인들은 소통 부재와 의미 전달의 불가능성, 일상에 배어 있는 무의미와 무관심을 퉁명스레 노래한다. 나처럼 시를 통해 서정성과 통찰력을 얻고자 하는 독자들이 줄어든 모양이다. 어쨌든 위와 같은 방식으로 수업하다가 신기한 발견을 했다. 아이들은 의미가 흐릿한 난해시 가운데서 자기 마음에 드는 표현을 더 많이 찾아낸다. 시어와 아이들의 삶이 뫼비우스의 띠처럼 신비롭게 만나는 것이다. 마치 이집트 상형문자를 글자가 아닌 그림으로 파악하는 사람들처럼 말이다. 그러면 어떠랴. 시어와 아이들 마음이 우연히 만나 시가 자기 삶에서 어떤 의미가 있는지 잠시라도 느껴보는 것으로 충분하다.

시의 세계로 우리를 깊이 이끄는 탁월한 안내자 신형철 교수는 《인생의 역사》에서 이렇게 말한다. 시를 읽는 일에는 이론의 넓이보다 경험의 깊이가 중요하다고. 우리는 어떤 일을 겪으면서, 알던 시도 다시 겪는다고. 시 문외한인 우리 아이들이 신 교수의 성찰을 입증한다. 삶과 시는 이렇게 만나기 시작해 평생을 뒤엉켜야 한다.

# 누가 할 것인가

**교사의 '미래'를 키워가려면
소중한 '현재'를 보라**

교육 관련 연구보고서를 최종 검토한 적이 있다. 미래사회에 걸맞은 학교 구현을 위한 정책 연구였다. 이상적인 미래학교를 완성하려면 '미래사회에 걸맞은 교육과정 혁신', '공간 혁신과 스마트 교육체제 구축', '글로컬 네트워킹 강화' 같은 도전적 과제를 해결해야 한다는 결론이 제시됐다.

다 좋다. 미래교육을 지향하려면 빠질 수 없는 요소일 테니까. 문제는 '누군가 그 일을 해야 한다'는 엄연한 사실이다. 누가 할 것인가? 학교는 구체적인 현실 속에 존재하며, 그것을 움직이게 만드는 동력은 교사에게서 나온다.

'글로컬 네트워킹'을 예로 살펴보자. 외국 어느 학교를 찾아야 하고, 네트워크를 하려는 동기와 취지를 정립해야 하며, 여기에 참여할 의지를 보이는 학생들을 발견하고 준비시켜야 겨우 한 번의 인터넷 화상 교류 정도가 가능하다. 학교 간 직접 교류 프로그램을 기획하려면 교사 한 명이 일 년 내내 전담해도 부족하다.

새 미래학교는 '연계하고 협력하는 교사공동체'를 기반으로 한다는 문구도 눈에 띄었다. 교사라면 누구나 안다. '교사들'은 존재하지만 '교사공동체' 만들기란 공동묘지 옮기는 작업보다 더 까다롭다는 사실을. 공동체는 서로의 믿음과 기여에 기반을 둔다. 그 위에 문화, 정서, 가치, 규범이나 목적에서 일체감을 공유하는 사람들이 모인 곳이다. 솔직히 바라보자. 이 기준을 적용하면 우리 사회 어디에도 공동체는 거의 없다.

정치인이나 교육행정가들은 좋은 정책을 입안할 때 '교사'라는 변인을 쉽사리 잊는다. 사범대학과 교육대학에서 교원을 양성할 때부터 지리, 역사, 수학 등 개별 교과 지식전달자로서의 정체성을 갖도록 가르쳤다. 정작 교육 현장에 교사를 배치한 이후엔 팔방미인이라도 되는 듯 그들 앞에 이 일 저 일 부려다 놓는다.

교무실 업무를 나눠 맡을 때 '교육과정' 관련한 부서에는 교사들이 선뜻 지원하지 않는다. 심리적 부담감이 크기 때문이다. 개별 교과나 학년 업무라면 모를까, 광범위한 교육과정 전체를 아우르며 조정하는 일은 배워본 적이 없다. 게다가 교육과정 영역은 늘 뭔가를 '혁신'해야 한다는 강박감도 크다.

일주일에 20시간 수업하는 고등학교 윤리 교사를 떠올려보라. 30명씩 10개 반을 맡을 때 수행평가 기록 300개, 학생이나 학부모 상담, 상위 기관의 공문 요청 처리 등등. 교사는 하루가 어떻게 지나가는지 모른다. 연구와 혁신은 언제 하고, 더 나아가 헌신과 기여가 필수로 따라야 하는 교사공동체까지 어떻게 꾸릴 수 있겠는가.

대안학교 교사는 더 어려운 처지에 놓여 있다. 열심히 가르치며 생활하려고 하는데 눈앞에 안 풀리는 일들만 잔뜩 보인다. 아무리 진심으로 이야기를 전해도 끝까지 말 안 듣고, 크고 작은 사고만 저지르는 학생을 보면 도대체 청소년들은 언제 '성장하고 발달하는지' 정말 모르겠다는 막연함도 밀려든다. 교사 사이 협력도 잘 안 되는 때가 있다. 알 수 없는 대상과 너무 오랜 시간을 보내고 있지 않나 싶기도 하다. 두려움과 중압감이 동시에 마음을 짓누른다.

'대안적 교육과정'이란 용어 앞에서는 더 주눅 든다. 프로젝트 학습이나 인턴십 교육을 뛰어넘는 더 새롭고 미래지향적인 교육과정이 세상 어디엔가 또 있을 것 같은데, 여전히 막연하다. 어떤 방향을 잡아나가야 할지, 학습을 지속하지 않는 한 그 길이 잘 보이지 않는다. 대안학교 교사가 시대의 담론과 맥락에서 떨어져 나오는 순간 자신의 존립 기반을 잃어버리기 쉽다.

진정으로 미래를 대비한 교육기관을 설계하고 싶다면 지금 이 땅의 교사들이 그것을 수행해갈 수 있도록 그들의 '현재'를 돌보면서 개선할 방안을 찾으라. 예를 들어 '융·복합 교육'이 중요하다면 교사들이 그런 경험을 통해 새로운 지식을 발견하거나 창출하도록 경험하게 하라. 배운 적 없던 방식으로 느닷없이 학생들을 가르치라고 하면 교사는 어디에서 지식과 경험을 끌어댈 것인가?

교사를 개혁 대상으로 바라보며 그들을 다그치고, 평가하고, 경쟁시키려 했던 영국과 미국의 교육정책은 성공하지 못했다. 우리나라가 본받으려 애쓰는 북유럽 여러 나라의 성과는 교원을 잘 키워서, 가려 뽑고, 전문적 성장을 지원했던 덕이었다. 그들이 해냈다면, 우리도 할 수 있다. 방향을 잡고, 물꼬를 틔우자. 교사 전문성을 키워가되 그들의 '현재'를 '미래에 필요한 능력 쌓는 기회'로 바꿔주는 일이 그 첫발이다.

# 연수를 빙자한 놀기

**대안학교 새내기 교사 연수의
어느 하루**

월요일 오후 2시. 자동차가 학교에서 멀어져갈수록 선생님 세 분의 표정이 환해진다. 일과 시간 중 어디론가 향하고 있으니 '일탈 학생' 같은 느낌마저 드나 보다. 오해 마시라. 나는 엄연히 우리 학교 '새내기 교사 연수 프로그램'을 이끌어가는 중이다. 연수단 이름은 연빙놀. '연수를 빙자한 놀기'다.

운영이 늘 어려웠던 우리 대안학교들은 교사를 채용한 다음 그들의 지식, 기술, 열정을 갑 티슈처럼 뽑아 쓰기만 했다. 몇 년 뒤, 애 많이 쓰고 마음 여린 교사부터 차례로 소진해 공동체를 떠난다. 별수 없다. 다른 교사를 맞아들여 비슷한 과정을 반복한다. 돌파구가 필요하다.

도담삼봉에 도착해 서정적인 강 풍경에 눈도장을 찍었다.

이내 차를 몰아 해발 600미터 즈음에 있는 '카페 산' 2층에 자리 잡았다. 단양의 유장한 산세 한가운데를 굽이쳐 흐르는 남한강 줄기가 한눈에 내려다보인다. 통유리창 너머 출발대 위에 패러글라이딩 동호인들이 부산스럽다. 설렘과 긴장감이 뒤섞인 표정을 담은 채 멋진 풍경 속으로 뛰어들 참이다.

이야기를 시작한다. 오늘 논의 주제는 서머힐(1921년 A.S. 닐이 설립한 영국의 대안학교)과 자유교육. 관련 책을 읽고 난 다음 각자 느꼈던 생각을 펼쳐냈다. 마음과 시선이 닿았던 책 대목이 저마다 다르다. 학교에서 맡은 일, 경험했던 장면이 제각각이니 마땅히 그러하리라.

서머힐 설립자 닐은 아이들에게 자유를 선물했다. 그 말은 곧 시간을 충분히 줬다는 것을 의미한다. 아이들의 정서는 자유로움 한가운데서 발달한다. 왜 정서가 중요한가. 그것이 학습을 이끌어내기 때문이란다. 정서나 흥미란 강제하거나 가르칠 수 없다. 정서는 자유라는 이름의 양분을 먹고 자란다. 그러니 자유란 곧 아이들에 대한 사랑과 동의어다.

대화가 오가다 보니 우리 넷 모두 학창 시절에 자유다운 자유를 거의 누려보지 못했다는 사실이 드러났다. 자유를 사용해보지도 못한 선생들이 학생에게 자유를 선물로 주겠다고 나서다니. 아이러니다. 아이들 눈동자에는 우리가 매사에 전전긍긍하는 어른들로 비칠 것이다. 어느덧 우리는 학급 운영에 어려움을 겪고 있는 한 선생님의 호소에 귀 기울이고 있었다. 그분의 난감한 상황에 동감하면서도, 한편으론 진심 어린 조언을 아끼지 않았다. 산마루에 해가 기운다. 서둘러 하산한 뒤 단양구경시장 근처에서 마늘정식을 먹는 것으로 이날의 연빙놀을 마무리한다.

아이들과 만나는 현장은 매일 아찔하다. 무슨 이유인지 반 전체 기운이 축 늘어져 아이들이 아무것도 하지 않으려는 날이 있다. 자연체험 날짜를 자기들과 상의 없이 바꾸려 한다며 거의 민란 수준으로 들고일어날 때는 어찌할 것인가. 내가 자유를 주기만 하면 아이들은 별 탈 없이 잘 커나갈까. 만약 일이 잘못되면 어쩌지? 선생이라는 자가 제자들의 청소년 발달기 중요한 때를 별다른 가르침 없이 무책임하게 방치한 것이라면? 교사는 윤리적 혹은 전문적 판단 아래 결정을 내려야 한다. 정답 없는 모호한 순간을 자기 한 몸으로 온전히 버텨야 한다. 매뉴얼 같은 것은 안 통한다. 모든 교사가 외로울 수밖에 없는 이유다.

"휘몰아치는 슬픔에 흐느낄 때, 눈물을 씻어주시옵소서. 세속의 영화와 물질의 매력이 저를 유혹할 때, 저에게 이를 능히 물리칠 수 있는 용기를 주시고, 제가 하는 일에 의혹을 느낄 때, 이를 극복할 수 있는 총명과 예지를 주시옵소서!" 미군정 당시 한국 교육의 틀을 다진 교육계 원로, 고 오천석 선생의 글이다(1972년에 펴낸 책《스승》의 서문에서 가져왔다).

이번 연빙놀 주제는 대안교육에 대한 이해, 공부의 기초 체력인 문해력의 중요성, 공유자원 연구로 2009년 노벨경제학상을 수상한 엘리너 오스트롬과 그의 이론을 소개한 책《엘리너 오스트롬, 공유의 비극을 넘어》읽기, '영원한 숙제―민주주의' 등으로 구성된다. 그리고 다른 지역 대안학교 다섯 곳을 선택해 현장 탐방도 다녀온다. 모든 일정은 평일 근무 시간대에 학교 밖 불특정한 곳에서 진행한다. 장소 선정은 내 마음대로다. 단, 풍경은 멋지고 음식이 맛있어야 한다.

분위기 좋은 카페에서, 이동하는 차 안에서 서로의 이야기는 끊김이 없다. 지식과 정보만 쌓으려는 교사 연수는 효력이 짧다. 초임 교사들끼리 서로에게 독립된 대안학교가 돼주어야 한다. 서로를 이해하고, 어떻게 힘을 모아야 할지 방법을 찾자는 것이다. 우정이 알차게 쌓일 때라야 외로운 길 오래 함께 걸을 수 있다. 진짜 선생은 현장에서 다듬어지면서 탄생한다. 대안교육의 미래가 그 안에 있다.

# 마을 '청년 선생님'이 사는 법

**빠듯한 월급으로
시골 생활 버티기**

지난 2월 개학 전. 충북 괴산에서 우리 학교 교사들이 모여 2박 3일 모꼬지를 가졌다. 프로그램 주제 한 가지가 '시골 마을공동체에서 살아남기'였다. 젊은 교사 셋이 발제를 맡았다. 교직 경력 5년째 접어드는 ㅇ선생(남)이 먼저 입을 뗐다.

"마을에 조용히 퍼지는 입소문이 놀랍죠, 제 삶은 마치 '안티팬이 많은 곳에서 사는 인기 없는 연예인의 일상' 같았다고나 할까요. 겉으론 무심한 척하시지만 실상 마을 어르신들은 새로 이사 온 청년의 손짓 발짓 하나까지 죄다 보고 계십니다. 제 차의 어느 부분을 수리했는지 알고 계시다는 걸 우연히 발견하고는 깜짝 놀랐죠."

"하지만 살다 보면 고즈넉한 시골 마을의 아름다움에 절로 빠집니다. 마을 정자, 아스라이 건너다보이는 산과 밭의 모습, 안개 낀 산등성이는 저처럼 마음 메마른 사람에게도 감동을 줍니다. 20평 남짓한 단독주택을 아주 싼 값으로 사들여 제 삶의 터전으로 만들었어요. 제가 꿈꾸던 공간을 직접 가꿀 수 있다는 것이 시골 생활의 백미죠. 주변에 마트나 편의점이 없거나 멀다는 사실이 아쉽지만 택배를 잘 활용하면 불편함이 어느 정도는 상쇄됩니다."

학교가 자리한 제천시 덕산면에서 사계절을 오롯이 살아낸 새내기 ㅇ선생(여)이 말을 잇는다.

"살아오는 동안 도시 인프라를 마음껏 누렸습니다. 걸어서 3분 거리에 병원, 5분 거리에 초·중·고교가 다 있었죠. 10분 더 가면 쇼핑몰을 비롯한 온갖 편의시설이 펼쳐졌고요. 제가 도시를 떠날 거라곤 전혀 생각 못 했어요. 오로지 제천간디학교만 바라보고 왔어요. 도시의 편리성, 친구들과의 헤어짐 모두 제게는 두려움으로 다가왔어요."

"덕산에 와보니 선입견과는 다르게 마을 생활에 빠르게 적응하는 자신을 발견했어요. 덕산면 마을공동체가 살아 있음을 확인했기 때문이죠. '주민 모임 마실'이 펼치는 여러 행사에 참여하면서 사람들이 의지하며 재미난 일상을 만들어가는 현장을 보았어요. 작년 가을에는 마을 축제 스태프로 일하면서 마을살이를 경험하러 온 몇몇 청년들과 친구가 되었죠. 무엇보다 이곳에서는 사람들 사이가 따뜻하게 '연결'되어 있음을 느껴요."

세 번째 발언자인 새내기 2년차 ㄱ선생(남) 차례가 돌아왔다.

"가장 어려운 것은 집 구하기였어요. 생활의 편리를 조금이라도 더 확보하려고 면사무소 주변 지역인 '면세권'을 고집해서 더 그랬나 봐요. 시골이라 생활비가 덜 들 것 같지만 꼭 그렇지도 않았어요. 천사 같은 월세는 좋았으나 악마 같은 난방비 때문이죠. 공연 보고, 강의 듣고, 모임 가지는 것을 당연하게 여겼지만 여기서 그런 생활 하려면 크게 마음먹고 한 번씩 도시로 나가야 가능했어요."

"학교 초기 정착 시절에 여러 선생님이 마음 내어 도움을 주셨어요. 각종 생활 가전제품을 챙겨주셨고, 삼겹살도 사주셨죠. 교통체증 전혀 없는 시골의 출근길도 매력입니다. 사계절 변화를 온몸으로 느낄 수 있는 자연환경은 말할 것도 없이 좋습니다. 도시에 살면 무의식 속에 경쟁심이 싹트고 늘 뭔가 불안했는데, 여기 살아보니 그런 압박감에서 벗어나 훨씬 자유롭고 여유 있는 마음을 가지게 되었어요."

새내기 교사들의 생활, 느낌, 생각을 웬만큼 알고 있다 여겼지만 큰 착각이었다. 이날 '각 잡고' 저마다 들려준 이야기를 짚어보니 내 생각이 닿지 못한 곳들이 새록새록 드러났다. 특히 젊은 세대가 익명성을 보장받지 못하고 누군가의 관찰 대상이 되는 상황이 그렇게 버거운 마음의 부담인 줄은 몰랐다. 마을과 학교 사이의 친밀감이 아직 충분하지 않다는 지적도 뼈아팠다.

발제와 논의 마당을 접자마자 근처 생맥줏집에서 비공식 회합이 이어졌다. 이 자리에서 당근마켓 활용 비법, 제천화폐나 온누리상품권을 이용해 생활비 10퍼센트 줄이기, 청년내일배움카드 사용법, 청년희망적금 이용 정보, 청년 정착금 지원받아 집수리하는 방법 등 '빠듯한 월급으로 시골 생활 버티기 전략'을 귀동냥으로 들었다. 연이어 터지는 웃음, 박수 소리, 잔 부딪치기 속에서 왁자지껄 대화를 나누다 보니 나는 그날 그만 과음하고 말았다.

충주시에서 덕산면 차부까지 들어오는 버스는 하루 네 대뿐이다. 우리 학교에서 만 6년 근무한 교사는 6개월 동안 유급 안식학기를 누린다. 아직 안식학기를 갖지 않은 젊은 교사는 아홉 명이다. 도시 삶을 접고 시골 마을로 내려와 아이들과 부대끼며 살아가고 있는 선생님들. 펄펄 살아 요동치는 대안교육의 심장이다. 나는 이들이 진심으로, 눈물 나게 고맙다.

# 교사 교육에서 사라진 '인성'을 되찾는 길

**대안교육 교사대학부터**
**세우라**

덴마크 교육은 여전히 강한 호소력을 가진다. 인구는 590만 명이지만 행복지수는 세계 최상위권이며, 1인당 국민소득 6만 2000달러가 넘는 강소국이다. 그곳으로 새 교육을 배우러 가는 이들의 '눈'이나 교육 다큐멘터리 제작용 카메라 '렌즈'는 행복에 겨운 덴마크 학생들의 표정과 잘 짜인 교육과정에 초점을 맞춘다. 그러나 그들 시야에서 벗어난 핵심 교육 요소가 있다. 바로 교사다.

두 번째로 덴마크 자유교원대학을 찾았던 2018년 겨울. 올레 페데르센 학장이 전했던 말이 기억에 생생하다.

"한 사람의 교사가 된다는 것은 인성을 갖추는 일입니다. 인내심, 자기 제어, 호기심, 양심, 의지력을 키워야 하죠. 교사는 자기 존중감, 자신감, 자부심에 바탕을 두고 학습 환경을 창조해야 합니다. 또한 삶의 방식으로서 시민성이 몸에 배도록 애씁니다."

예비 교사를 가르쳐 시험 중심으로 학교에 임용하는 우리나라의 절차를 떠올려보자. 너무 당연하게 들렸던 페데르센 학장의 말이 그 과정 어디에서도 드러나지 않는다. 취업용 변별력 높이기를 기반으로 한 교육공무원 시험제도로 어떻게 교사의 '인성'과 '자기 존중감'을 키울 것인가.

5년제인 덴마크 자유교원대학 3학년생들은 1년간 교육 현장으로 나간다. 학생이지만 그 기간에는 교사로서 월급을 받기에 교육실습생이라 하기도 애매하다. 이 부분에서 나는 무릎을 쳤다. 이들은 본교로 돌아와 '교사 됨'을 위한 공부를 2년 더 이어간다. 현장 경험이 쌓인 뒤라서 학습 내용을 '몸 전체로 흡입'한다고 봐야 할 것이다.

재학생 300여 명인 자유교원대학은 사립 교육기관이다. 눈이 휘둥그레지는 사실은 연간 운영비 2600만 크로네(약 50억 원) 가운데 70퍼센트를 국가가 지원해준다는 점이다. 스토리텔링, 교육학, 심리학, 교수법은 필수 교과목이다. 전체 교육과정에서 시험은 한 번도 없다. 이 학교 교정에 들어서면 따스한 배움이 있는 공동체 공간으로 순간이동한 느낌이 든다. 졸업생 대부분은 덴마크 대안학교 교사로 임용되며, 일부는 일반

공립학교 교사가 되기도 한다. 덴마크 전역에는 550개 대안학교에 학생 11만여 명이 재학 중이다.

우리 대안학교 교사들을 생각한다. 아무런 지원 없던 시절의 컬링이나 루지 같은 겨울올림픽 종목의 한국 선수들 이미지와 겹친다. 설상 경기를 길바닥에서 바퀴 달린 썰매 타고 연습하던 그 시절 말이다. 대안학교의 역할과 기여가 사회적으로 또렷이 드러나기 시작했던 2010년대 초반까지, 대안학교 교사 양성을 위한 공적인 지원은 어디에도 없었다.

2013년 11월, 한국의 대안학교 교사 교육을 위한 협동조합 '삶을 위한 교사대학'이 탄생한다. 20여 년 동안 덴마크 교육을 연구하고 그곳 실천가들과 연계해오던 송순재 교수, 그와 뜻을 모아오던 대안교육 활동가들이 주축을 이뤘다. 대안교육에 관심을 가진 청년들에게 단기 대안교육 교사 양성 입문과정을 개설해 지금까지 매년 운영해오고 있다. 현직 교사를 위한 생활기술 교육, 덴마크 에프테르스콜레협회·프리스콜레협회·폴케호이스콜레협회와의 교류, 교사 대상 국외 교육문화기행 조직과 실행, 공교육 교사들을 위한 각 교육청의 연수 위탁 등을 묵묵히 실천해왔다.

대안학교 몇 곳이 조합원으로 가입돼 있으나 적은 액수의 조합비만으로는 실무자 급여나 사무실 임대 비용을 감당하기에도 턱없이 부족했다. 길 위에서 바퀴 달린 썰매를 타는 주제에 "눈 위를 달리는 루지"라고 우겨온 지 10년. 눈물과 오기 없이 버티기 어려운 세월이었다. 해마다 교사 양성 입문과정이 끝날 무렵인 6월 말, 현장에서는 '좋은 교사 없냐'고 애타게 찾는 문의가 잦다. 그만큼 절박하다.

대안교육을 선택한 것이 무슨 원죄라도 되는가. 정부와 교육부에 말한다. 돈이 없어 대안학교 지원하기가 어렵다는 말은 얼마간 못 들은 척하겠다. 그 대신 교사 양성을 위한 교사대학부터 튼실하게 챙겨보라. 2023년 기준 교육예산 총액은 102조 원이다. 이 가운데 0.001퍼센트만 확보해도 10억 원 아닌가. 교육 혁신에 투자하는 것이라 여기고 대안교육 교사 양성 사업에 관심을 기울이기 바란다. 정당한 투자 없이 비인기 종목의 올림픽 금메달을 바라는 심보처럼, 혁신을 지향하는 대안적 교사양성기관 없이 덴마크 교육 성과의 달콤한 열매만 부러워하지 말자는 얘기다.

# 교사를 두려움에 떨게 만드는 사회

**교사와 학부모의
제로섬 게임을 멈추려면**

차고 투명한 유리 같은 두려움이 팽팽한 조직은 굳어 있기 마련이다. 무의식이 말을 단속하고, 속 깊은 결핍은 이내 공격 성향으로 드러난다. 손쉽게 동원되는 자경 수단은 침묵이다. 외면은 얼마나 간편한가. 복잡한 일에 휩쓸리지 않으려 할 때는 탁월한 보호색이 된다.

두려움의 친한 벗은 규정 집착이다. 행여 발생할 수 있는 책임 추궁에서 나를 안전하게 지켜준다. 무난한 조직 생활을 위해서는 의자나 식탁 바라보듯 사람을 약간 사물처럼 대하는 편이 낫다. 괜한 애정이나 관심을 드러냈다가는 정서적 끈에 못 이겨 골치 아픈 사건에 휩쓸리기 쉽다.

위와 같은 인간 행동은 일반 행정체계나 기업 조직에서 쉽게 관찰할 수 있다. 그렇기에 경영학에서도 '스스럼없고, 위계를 벗어난 제안'을 강조한다. 달을 더 잘 관찰하기 위해 망원경의 성능을 개선하기보다는 달 탐사선을 발사하는 게 더 낫다는 '문샷 싱킹'(moonshot thinking)은 혁신적 기업가들의 필수 덕목이 된 지 오래다.

침묵의 정서가 학교와 교실을 지배한다고 상상해보라. 교사는 아동학대 신고를 두려워한다. 예민한 아이에게 자칫 눈흘김 한번 잘못 하면 신고당할 수 있다. 변호사를 앞세운 학부모가 교장실 소파에 버티고 앉아 있으면, 담임은 물론 교감이나 교장도 찻잔 든 두 손을 부르르 떨 수밖에 없다.

힘든 아이들을 초인적 사랑으로 품어 안는 것으로 유명한 한 대안학교 교장을 얼마 전 만났다. 그분은 "최근 휴대폰 통화 녹음 어플을 깔아두었"노라고 암담한 표정으로 고백했다. 이제 학교에서 학생과 학부모, 교사가 서로의 대화나 통화 내용을 녹음하는 게 일상이 됐다.

문자메시지 알림에 학부모 이름이 뜨면 교사는 가슴부터 덜컹 내려앉는다. 언젠가 한 학부모가 '담임교사와 소통이 너무 안 된다'고 내게 호소해왔다. 양해를 얻어 그 교사의 통화 기록을 살폈다. 25분, 37분, 19분. 낮밤을 가리지 않고 여러 날에 걸쳐 수차례 통화했던 흔적이 남아 있었다. 그 학부모의 '소통 부재' 호소는 교사가 자기 자녀 처지에서 사안을 바라보지 않고, 자신에게 '설명하려 들던' 태도에 대한 불만 토로였다.

서울 서초구 한 초등학교 교사의 비극적 죽음 소식 이후 하루도 마음이 편치 않다. 이번 일은 학부모의 부당한 민원 제기 때문으로 추정된다. 하지만 교사의 부당한 행동 때문에 어려움을 겪었던 숱한 학부모들의 처지 역시 얼마든지 취합될 수 있다. 한 집단이 다른 집단을 비난하는 '제로섬 게임'으로는 이번 사태를 냉철하게 바라보기 어렵다.

문제의 본질은 성적과 학력 높이기에 목숨을 건 듯한 공교육 체제에 도사리고 있다. 학교폭력 사안을 생활기록부에 기재하라고 결정한 순간부터 학생들의 태도와 행동 기록은 성적 산출과 다름없어진다. '학폭'이 발생했을 때 학부모는 자녀의 불이익을 막기 위해 자신이 가진 자원을 총동원할 수밖에 없다.

극심한 경쟁은 불평등 격차를 더 벌린다. 모든 이들의 눈이 서로를 감시하는 폐회로 카메라가 된다. 배려와 존중으로 서로를 보듬으며 살아가야 할 학교 구성원들의 마음에 불안과 공포가 자리한다. 학부모가 법률대리인을 앞세워 학교를 찾게 되는 배경이다. 교육청이나 교장·교감은 이런 사회심리 변화에 익숙하지 않다. '시스템'이 함께 책임지고 풀어야 할 자리에 교사만 홀로 외롭게 남는다.

한 교육시민단체는 이런 상황을 가리켜 "고통과 죽음의 그림자가 드리워진 학교"라 표현했다. 동의한다. 어쩌다 우리 사회는 학부모가 변호사를 찾고, 교사는 신경정신과로 달려가는 시대를 맞았는가? 우리 모두 최선을 다한 결과 '다 함께 죽는 상황'이 빚어졌다. 더는 이대로 내버려둘 수 없다.

《두려움 없는 조직》의 저자 에이미 에드먼슨은 "팀원들에게 '심리적 안정'을 주는 팀은 어떤 환경 아래서도 탁월한 성과를 낸다"고 진술한다. 그가 말한 심리적 안정감이란, 인간관계의 위험으로부터 근무환경이 안전하다고 여기는 믿음을 뜻한다.

상식 밖 언행으로 교사를 위협하는 학생이나 학부모에 대해 교육청은 법률대응팀을 구성해 적극 대응해야 한다. 교직 사회의 심리적 안정감을 확보한 연후에 어떻게 하면 학교 문화를 덜 경쟁적으로 만들고, 학생들의 성장을 함께 도모할지 궁리하면 좋겠다. 최선을 다해 학교를 '교육적 환경'으로 되돌려놓는 일이 최고의 추모 행위임을 잊지 말자.

# 거대한 착각

**어떤 자유주의자의
자기 착취에 관한 고백**

올 것이 왔다. 공황장애. 처음 겪는 일이다. 예고 없이 공포감이 밀려든다. 일순간 가슴이 막히고 숨이 조여온다. 두려움에 대해 생각할 겨를만 줘도 좋겠다. 하지만 공황장애는 그런 아량을 베풀지 않는다. 불안정한 심리 상태를 기습 공략할 뿐이다. 그럴 만도 했다. 주변에서 내게 걱정스러운 눈길을 던질 때 이런 너스레를 떨었다. "만성 피로를 새로운 과로로 덮고 살죠, 뭐." "어차피 죽으면 썩을 몸, 아껴서 뭐 하리." 이러면서 주말도 가리지 않고 일에 매달렸다. 응분의 벌을 받은 거다.

철학자 한병철의 《피로사회》를 읽었다. 전문가가 내게 혼쭐내는 것 같았다. 현대사회는 사람을 '긍정성 폭력'에 시달리도록 한단다. 박탈보다는 포화, 배제보다는 고갈 작전을 펼친다.

당하는 이는 적대감을 가질 수 없다. 그것이 폭력인지도 알아차리기 힘든 탓이다. 한병철은 소진증후군도 콕 집어 언급했다. 그것은 긍정성이 넘쳐날 때 일어나는 징후란다. 다른 말로 '자아가 동질적인 것의 과다로 타버리는 것'이라 했다. 여기서 '동질적인 것'이란 무엇일까? 지금 이 시대는 규율이 중요했던 사회에서 성과사회로 넘어왔다. "금지, 명령, 법률이 차지하던 자리를 프로젝트, 이니셔티브, 모티베이션이 대신한다." 더 많은 성과를 내야 한다는 의식이 누구에게나 균질하게 팽배한 사회. 바로 그 현상을 '동질적인 것의 과잉'으로 해석한 모양이다.

그럼 내게 약간이라도 면죄부를 줘야 하는 게 아닐까? 나 혼자 돈 많이 벌어서 잘살아보자며 이렇게 발버둥 친 것은 아니잖나. 내 과로에는 최소한의 '공익적 요소'가 있노라 항변하고 싶었다. 억하심정을 누른 채 계속 읽어나갔다. 그러다 결국 다음 구절에서 마음이 무너졌다.

"우울한 인간은 노동하는 동물로서 자기 자신을 착취한다. 물론 다른 이의 강요 없이 자발적으로. 그는 가해자인 동시에 피해자이다." 한병철은 더 나아갔다. "자기 착취는 자유롭다는 느낌을 동반하기 때문에 다른 사람이 착취하는 것보다 더 효율적이다." 성과사회에서 발생하는 모든 마음의 병은 이 같은 '역설적 자유'가 병리 현상으로 드러난 것이라 규정했다.

자유주의 성향이 있는 허무주의자. 나는 오래전부터 자신을 이렇게 바라보았다. 하루하루 열심히 살아가되 결과나 소유에 집착하지 않는 나. 얼마나 멋진가. 하지만 이같이 어설픈 자유주의 기질이 결국 내 몸과 영혼을 무리하게 갉아먹은 셈이다. 핑계지만 어쩔 수 없었다. 해마다 다가오는 제천간디학교 신입생 모집. 정원 미달이란 상상하기 싫다. 만약 그런 사태를 맞이하면 학교의 정체성과 근간이 흔들린다. 예비 입학생 부모 연령대가 모인 단체에서 강연 요청이 오면 거부하지 못했다. 전국 어디든 불려 나갔다. 신문 연재 칼럼. 내가 가진 의식 수준보다 다섯 배는 더 낫게 잘 쓰고 싶다. 잠자는 시간을 줄여서라도 늘 무리해서 마감한다. 대학원 강의. 대안교육학과라는 이름에 걸맞도록 참신한 접근과 지적 자극이 넘쳐나는 수업을 이끌고 싶다.

잘하고 싶은 욕망의 리스트는 줄줄이 이어진다. 아, 내가 방금, '욕망'이라 했던가? 앞서 방패막이로 세웠던 공익적 요소는 다 어디로 갔지? 능력 있는 교육실천가 혹은 매력적인 교육연구자 이미지 속에 감춰둔 내 과도한 인정 욕구가 결국 나를 착취한 범인이었다. '나는 영업 실적을 내서 자기 존재를 증명해야 하는 회사원이 아니다.' 마음속으로 이러면서 빠져나갈 구석을 찾았다. 곱씹어보니 내가 '어떤 대의를 위해' 나를 남용하는가는 문제의 본질이 아니었다. 나를 조금 덜 유능한 사람으로 놓아둔 채 그 모습 그대로 받아들이는 게 더 중요했다. 어쩌면 공황장애는 내 거대한 착각과 욕망에 균열을 내고, 자신을 돌아보라 조언하기 위해 불쑥 찾아들었는지 모른다.

학교라는 제도를 생각해본다. 그곳은 여전히 규율사회이면서 성과사회이기도 하다. 학생들은 네모 상자 교실에서 타의 반, 자의 반으로 자신을 소진한다. "아이들 25퍼센트 정도는 신경정신과 또는 정서행동장애 관련 약을 먹고 있다"는 초등 교사들 증언이 떠오른다. 탈출구는 하나다. '느긋하게 최선을 다하자'는 정도의 제안으로는 모자라다. 당분간 일이나 학습노동에 손대지 않는 것이 근본 해결책이다. 그게 정책 구현으로 가능할까? 잘 모르겠다.

우선은 당장 나부터라도 숨을 좀 쉬어야겠다. 불청객으로 다가온 이 공황장애 사태가 훗날 썩 괜찮은 후일담 소재로 남길 바랄 뿐이다.

# 스스로 아름다워지는 날

**얼 쇼리스가 가르쳐준
희망의 인문학**

'노동한테 이겨먹기 위해/ 내가 제일 가엾다는 생각 하나로/ 누구 하나 미워할 필요 없이도// 간신히 스스로 아름다워지는 날'(전욱진, 〈휴일〉 중에서)

유튜브에서는 '쇼츠'가 강자라 한다. 나의 대학원 강의 쇼츠는 시다. 늘 시를 앞세워 시작한다. 〈휴일〉은 노동절에 맞춰 골랐다. 내친김에 인터내셔널가도 들려줬다. 켄 로치 감독이 만든 1995년 영화 〈랜드 앤 프리덤〉에서 힘차고 비장하게 흘렀던 곡을 선택했다. 1930년대 스페인내전 당시 민주주의를 지키기 위해 '국제여단'이라는 이름으로 결집한 유럽 청년 민병대의 이야기를 담은 영화였다.

얼 쇼리스(1936~2012) 선생이 가끔 떠오른다. 교도소 재소자나 거리의 노숙인들이 인문학 공부로 새 삶을 펼쳐가도록 도움 준 미국의 작가이자 사회비평가였다. 2006년 1월, 그를 한국으로 초청해 학술대회와 인문학 토론 워크숍 등을 일주일 동안 열었다. 일흔 살 고령에 혈액암 투병 중임에도 자기 생애 첫 아시아 국가 방문을 감행했다. 이유는 단 하나, 인문학 공부를 시작하려는 한국의 노숙인 지원단체 소식을 들었기 때문이다.

뉴욕시에서 80킬로미터 떨어진 베드퍼드힐스 교도소. 교육 자원봉사를 하러 나갔던 얼 쇼리스는 한 수감자에게 이런 질문을 던진다.

"사람들이 왜 가난한 것 같나요?"

재소자 비니스 워커가 답한다.

"우리 아이들에게 중심가 사람들의 정신적 삶을 가르쳐야 합니다."

얼 쇼리스는 충격을 받았다. 워커의 대답을 곱씹어 생각한다. 가난에서 벗어나려 할 때 일자리나 돈보다 중요한 것이 뭘까? 자율성과 자치다. 정신적 삶이란 스스로 행동할 수 있을 때 비로소 가능한 것이며, 그런 행동은 자율적 인간에게서만 기대할 수 있으니까 말이다.

가난한 이들이 자율적 삶을 누린다는 의미는 공적 세계에 참여해 정치에 관여하는 삶을 산다는 것이다. 그런데 정치는 반드시 참여자의 성찰을 요구한다. 얼 쇼리스는 결론에 이른다. 가난한 이들에게 '성찰적 사고능력'을 나눠주자. 이게 바로 비니스 워커가 요청한 '중심가 사람들의 정신적 삶'일 것이다.

이 깨달음을 실천으로 옮긴다. 사재를 털고 후원자를 모아 '클레멘테 코스'를 마련한 것이다. 거리의 부랑아와 노숙자들과 함께 소크라테스, 아리스토텔레스가 쓴 고전을 읽고 토론한다. 이 과정을 마친 참여자들은 놀라울 만큼 진지한 학습 집중도를 보여주었고, 삶의 의지도 강해지는 변화를 목격한다. 얼 쇼리스 선생은 자신의 통찰과 클레멘테 코스 진행 과정을 기록해 《가난한 이들을 위한 보물들》(Riches for the Poor)이라는 저서를 남겼다. 나는 동료들과 이 책을 우리말로 옮겨 2006년 가을,《희망의 인문학》이라는 이름으로 출간했다.

얼 쇼리스에 따르면, 가난한 이들은 여러 종류의 무력(武力)에 포위되어 있다. 비싼 집세, 굶주림, 마약, 인종차별, 학대, 가정폭력, 비열함, 질병 등 서른 가지 이상이 거론된다. 그래서 바쁘다. 발버둥 쳐야 살아남는다 생각한다. 하지만 포위망을 벗어날 길은 쉽게 보이지 않는다. 무력에 에워싸인 사람은 절망에 빠져 외로워하거나 격노의 몸짓을 보이거나 자포자기 심정을 드러낸다.

강의에서 만났던 숱한 청중을 떠올려본다. 청소년, 대학생, 학부모, 교사, 부모, 성인 학습자들 상당수는 불안하고 답답하고 고립된 심리 상태를 내비쳤다. 교사 지원 이력서에 빼곡히 적혀 있던 각종 자격증 취득 목록을 떠올린다. 살기 위해 청년들이 얼마나 바둥거리는지 짐작이 간다. 우리는 미국 빈곤층처럼 절망적 가난을 겪지는 않는다 해도 어떤 이유에서인지 정신적으로 황량하고 피폐하다.

아침마다 항암 치료제를 한 주먹씩 입에 털어 넣던 그 사람, 엘리베이터 없는 건물에서는 계단 다섯 개 오를 때마다 한 번씩 숨을 돌려야 겨우 2층까지 오르던 그 사람. 그러나 노숙인을 만나 대화하는 자리에서는 언제 그랬냐는 듯이 열띤 대화를 이어가던 그 사람이 생각난다. 미국으로 귀국하기 직전, 선생이 내게 물었다.

"정말로 한국형 클레멘테 코스가 생겨나 오래 지속될 수 있을 것 같은가요?"

지금 나로서는 대답이 궁색하다. 하지만 대한성공회 성직자들과 뜻있는 인문학자들이 힘을 모아 설립한 성프란시스대학이 노숙인들을 위한 인문학 과정을 20년째 지속하고 있으니 참으로 다행이다. 몇 주 지나면 그가 떠난 이후 12주기. '누구 하나 미워할 필요 없이도// 간신히 스스로 아름다워지는 날', 얼 쇼리스 선생의 명복을 빈다.

# 생각은 언어로 성취된다

**비고츠키라는 사내가 붙잡은
'언어와 사유'**

레프 비고츠키라는 사내가 있었다. 1896년 벨라루스 공화국에서 태어나 서른여덟에 폐결핵으로 숨진 옛 소련의 심리학자다. 그의 역작《생각과 말》을 읽었다.

비고츠키의 문체는 어렵기로 정평이 나 있다. 많은 원고를 저술했으나 여러 사정으로 적절히 편집되지 않았다. 때론 병을 앓느라 집필 대신 구술에 의존했으니 더 그렇다. 나는 번역 문투라는 장벽 하나를 또 넘어야 했다. 그럼에도 그의 실험과 사유 전개를 따라가는 묘한 맛이 있었다. 영유아 시절과 어린이, 청소년 시기를 지나면서 인간의 생각 발달이 어떻게 이뤄지는지 담대하게 탐색했기 때문이다. 한 문장이 내 마음을 사로잡았다. "사고는 언어로 표현되는 것이 아니라 언어로 성취된다." 언뜻 보면 문학적인 수사 같지만 사실은 실험과 관찰, 사유의 결과가 드러난 표현이다.

대개 우리는 좋은 생각이 떠오르면 그것을 글이나 말에 담아 표현하는 것이라 착각한다. 초등학교 시절 '반공 글짓기'를 해야 할 때를 떠올렸다. 그 시간에 가장 부러웠던 사람은 '인민군'에게 괴롭힘당한 경험이 있는 조부모를 둔 친구였다. 그런 이야깃거리가 없던 나는 머리를 쥐어짜내 억지로 반공 의식을 뽑아내야 했다. 그런 탓인가. 차라리 '반공 도서'를 읽고 독후감 쓰기가 훨씬 나았다. 책에는 내가 가져다 쓸 '언어'들이 저녁 반찬거리처럼 즐비했다. 비록 내가 맛나게 여기지 않는 식재료였지만 말이다.

이 작은 경험담에서도 아이의 생각은 '언어를 붙잡아 성취를 이룬다'는 사실이 확인된다. 생각은 하늘에서 툭 떨어지지 않는다. 언어는 아이들이 가지고 노는 수천 가지 색의 레고 블록 놀이 같다. 단어를 고르고, 상황에 맞춰 끼워보고, 해체하고, 다시 결합하는 반복 행동 말이다. 언어뿐만 아니라 숫자를 비롯한 기호 역시 마찬가지 구실을 한다.

말이 없이 생각하기는 불가능하다. 생각하는 힘이 생겨나는 순간도 새 개념과 기호를 익힐 때다. 비고츠키는 "지각, 기억, 주의, 운동이 지닌 정신 기능은 어린이의 상징적 활동과 내적으로 연결되어 있다"고 말했다. '상징적 활동'이란 문서, 사진, 기호 등을 다루는 활동을 뜻한다. '내적으로 연결'되어 있다는 말은 배움에 참여함으로써 내적인 정신 과정을 계속 이어가며, 알고 있던 생각의 구조를 변형시킨다는 의미다.

대안교육 현장에서도 비고츠키의 논점을 눈여겨볼 만하다. 공교육에 비해 놀이와 운동 같은 신체활동, 말하기·듣기·읽기와 글쓰기·토론하기 같은 언어활동의 자유 폭이 상당히 넓은 것은 사실이다. 하지만 청소년기 인문학, 철학, 과학, 문학 분야에서 '고등 정신 기능'을 충분히 자극하며 키워주고 있는지 성찰해봐야 한다.

이 주제를 다루기가 무척 까다롭다. 자칫하면 암기, 경쟁을 위한 시험, 강제를 동원한 주입식 지식 교육을 종용하는 논리로 오인당할 수 있기 때문이다. 비고츠키는 아동·청소년의 발달을 돕기 위해 '근접발달영역'이라는 개념을 제시했다. 높은 건물을 지을 때 주변에 비계를 세워주는 것과 같은 원리다. 학생 혼자서 발달하기보다는 주변의 교사와 또래 친구들과 함께 듣고, 읽고, 쓰고, 말하고, 체험과 실험을 병행하면서 다양한 형태의 생각 훈련을 해나가는 것이다.

어렵다. 교사가 비계를 세워주기도 전에 사교육 기관이나 개인 과외를 통해 아이들은 이미 혼자서 높고 빠르게, 하지만 언제 무너질지도 모르는, 허약한 쭉정이 빌딩들을 저마다 세우고 있으니 말이다. 게다가 요즘 추세를 보면 인간의 생각 기

능 거의 전부를 인공지능에 외주화할 기세다. 생각을 만나려
면 조만간 '사유박물관' 같은 곳을 가야 할지 모른다. 비고츠키
가 한탄할 만한 시절이다.

# 배우는 사람, 교사

**학생의 변화를 이해하려는 실천과
프레이리 교육론**

유준혁 선생. 역사교육과를 졸업한 뒤 20대 후반, 간디교육연구소와 인연이 닿아 교사 자격 과정을 마쳤다. 2008년부터 산청간디중학교, 2014년부터 금산간디학교 고등과정에서 학생들과 동고동락한 중견 교사다. 두 곳 모두 비인가 대안학교다. 올해부터 근무를 잠시 접고 우리 대학원 대안교육학과 석사 과정에 들어와 공부를 시작했다. 그 기세가 맹렬하다. 수업, 청강, 각종 세미나와 고전 읽기 모임에 빠짐없이 참여해왔다.

나는 학기마다 대학원 수업을 마치면 모든 수강생과 튜토리얼을 한다. '일대일 면담을 통한 학생 지도'를 일컫는다. 이 만남의 전제조건은 학생 자신의 연구 질문이나 탐구 주제를 일정한 분량으로 제출하는 일이다. 은근히 부담되고, 살포시

기대되기도 하는 만남이다.

준혁 샘은 자신이 16년 동안 현장에서 지켜보았던 '학생들의 변화'를 이해하고 싶었다. 그 방법을 찾아 여러 책을 섭렵하던 중 파울루 프레이리(1921~1997)를 만났다. 브라질의 교육실천가이자 학자로서 민중교육을 주창했던 인물이다. 1968년에 출간한 그의 대표작《페다고지: 억눌린 이들을 위한 교육학》은 한국에서 새로운 교육을 꿈꾸던 이들에게 큰 영향을 끼쳤던 책이다. 준혁 샘은 이 책을 읽으면서 자신이 쓰고 싶은 논문 주제와 방향을 가늠했다.

"억눌린 사람은 해방을 우연히 얻는 것이 아니다. 해방을 추구하는 프락시스(praxis)로써 해방을 위해 싸워야 한다는 필요성을 인식함으로써 쟁취하는 것이다."

여기서 프레이리가 언급한 '프락시스'란 단순한 '실천'이 아니다. 반성적 성찰과 실행을 통해 세계를 변혁하기 위해 행동하는 것을 이른다.

준혁 샘이 현장에서 지켜본 학생들 가운데 상당수는 무엇엔가 억눌려 있는 존재들이었다. 자기혐오가 신념 수준으로 굳어 있거나 '제가 못났기 때문이에요', '돈이 있어야 살잖아요' 하는 부정과 불안 의식을 내면화하고 있었다. 실패에 대한 두려움이나 비교에 대한 불안도 컸다고 했다. 준혁 샘은 진심으로 제자들을 돕고 싶었지만 쉽지 않았다. 교사의 정성만으로는 소용이 닿지 않을 때가 대부분이었다.

"대화 관계가 성립되면 '학생들의 교사'와 '교사들의 학생들'은 존재하지 않고, '교사-학생'인 동시에 '학생-교사'라는 새로운 관계가 탄생한다. 학생들과의 대화 속에서 교사 자신도 배우는 사람이 된다."

실제로 준혁 샘은 이런 경험을 숱하게 겪었다. 학생과 학생, 교사와 학생 사이에 진정한 대화가 이뤄질 때 '깨어나는 순간'들이 찾아오는 것이다. 그 순간은 과거의 아픔을 고백하는 친한 친구와의 이야기에서, 인턴십 현장에서 만난 어른 멘토와의 조우를 통해서 다양하게 찾아왔다. 더 중요한 사실이 있다. 학생들의 취약함을 드러내는 대화 속에 교사 자신이 지닌 유사한 모습을 발견할 때가 있고, 그들의 어려움 극복 과정을 지켜보면서 교사 역시 해방감을 경험한다는 점이었다.

"사랑과 겸손, 신념에 뿌리를 둔 대화가 만들어낸 수평적 관계에서 대화자들 사이에 상호 신뢰가 싹트는 것은 논리적 필연성이다."

어른을 깊이 신뢰하지 않는 학생일수록 마음의 비밀번호를 오래도록 알려주지 않았다. 짙은 화장, 비속어, 허세 부리기 같은 행동은 일종의 보호색이었다. 연결감을 느낄 수 있는 동료의 존재, 눈치 안 보고 뭐든지 해볼 수 있는 환경, 존중과 경청 분위기가 안정적으로 지속되면 아이들은 달라진다. 신뢰를 구축해야 수업이나 멘토링 같은 교육활동이 가능해진다는 사실을 준혁 샘은 깨달았다.

앞서 조금씩 인용했던 프레이리의 문장은 이상적인 철학자의 언술로 들린다. 하지만 그렇지 않다. 프레이리는 스물다섯 살 무렵부터 브라질 농촌 빈민 지역과 도시 공장 노동자들을 위한 문해교육에 힘쓴 실천가였다. 쿠데타로 집권한 독재 정권의 압력으로 1964년부터 15년간 망명 생활을 해야 했다. 강퍅한 현실과 온몸으로 부딪치며 얻은 깨달음의 언어는 시대와 국가를 초월해 깊은 울림을 전한다. 아마 그런 연유 때문에 비인가 대안학교에서 청춘을 보낸 유준혁 선생의 '몸'도 프레이리의 언설에 공명했으리라.

튜토리얼을 끝맺으면서 금산간디학교를 졸업한 청년들과 심층 인터뷰를 통해 논문을 구축해보라 조언했다. 청소년들에게 '변화의 순간'이 어떤 조건에서 어떻게 찾아오는지 밝히는 일은 학문적으로 중요한 발견이다. 준혁 샘과 청년 제자들의 삶, 그리고 프레이리 교육론이 어떤 모습으로 만나 새로운 담론을 펼칠지 사뭇 기대해본다.

이상주의가 뭐 어때서요?

승리하는
실패를
위하여

3

# '불편함의 교육학'을 위하여

**힘듦을
견디는 힘**

서울 북한산 자락 족두리봉이 바라보이는 산동네에서 어린이, 청소년 시절을 보냈다. 마루와 방은 작았으나 마당만큼은 엄청 넓은 집에서 살았다. 부모님은 그곳을 스무 평 남짓한 텃밭으로 일구셨다. 토마토, 가지, 고추, 무, 배추, 옥수수, 부추 따위를 심어 길렀다.

닭 대여섯 마리도 키웠다. 아버지가 톱을 비롯한 소소한 연장으로 얼기설기 닭장을 만드실 때 나는 곁에서 조수 노릇을 했다. 닭똥은 식물을 키울 때 소중한 거름이 되었다. 다만 삽으로 닭장 바닥을 긁어 닭똥 모으는 일이 어려웠다. '거룩한 냄새' 때문이었다.

강원도 산골 태생인 어머니는 작물이나 푸성귀 키우는 데

달인이셨다. 작은 텃밭이라곤 하나 사람 손이 제법 많이 갔다. 순 다듬기, 물이나 거름 주기, 벌레 잡기, 모종 심기 전에 흙 고르기 같은 일이 그러하다. 어머니를 따라 텃밭 일을 돕다 보면 저절로 그런 재배 기술을 익힐 수 있었다.

일요일에는 온 식구가 텃밭에 매달린다. 토마토나 옥수수를 수확할 즈음 나와 동생은 바구니에 그것을 담아 이웃집으로 배달하느라 바빴다. 오전 내내 작업을 하고, 마루에 걸터앉아 텃밭을 바라보며 어머니 손맛으로 만든 비빔국수를 후루룩 흡입하는 장면. 한적한 일요일, 우리 식구가 함께 누렸던 전형적 일상이었고, 그것은 아직도 내 기억에 선명하게 각인되어 있다.

텃밭 일구기가 내게 의미 있는 경험으로 남은 까닭은 그것이 '노동'이 아니라 '작업'이었기 때문이다. 만약 일주일 내내 밭일에 매달려야 먹고살게 되는 고된 일이라면 이야기는 달라진다. 여러 대안학교에서는 철공, 목공, 농사, 가금류 기르기 등 '작업장'을 펼쳐놓고 있는데, 이를 운영할 때 '적절한 힘듦'의 조건을 제공하는 것이 중요하다.

작업할 때는 협업과 소통이 꼭 필요하다. 어떤 일을 함께 만들어가기 위해서는 올바른 관계를 이뤄야 한다. 잘 맺어진 관계가 질 높은 협력과 소통을 만든다. 우리 집 텃밭 일을 부모님이 내게 억지로 시켰다면 나는 투정 부리면서 돌이나 골라내

울타리 밖으로 던지고 있었을 것이다.

어떤 종류의 작업이든 지루함이나 힘겨움과 마주치게 된다. 흥미로 시작한 일이라도 그러하다. 뙤약볕 아래 수십 포기 토마토 줄기를 지지대에 묶어 세우는 일이나 삽으로 밭고랑을 만드는 일은 어느 정도 참을성을 요구한다. 작업의 기쁨은 그 같은 장애물을 넘어서서 작은 성취로 이어질 때 한결 더 커진다.

초봄에 새끼손가락만 한 고추나 토마토 모종을 심을 때, 이른 가을에 민들레 꽃씨보다 작아 보이는 배추씨를 뿌린 다음 흙으로 덮을 때, '과연 애들이 어떻게 살아남을까?' 늘 의심이 갔다. 생명은 내 걱정보다 훨씬 강했다. 하루가 다르게 모종이 자라고, 눈에 보일락 말락 했던 씨앗이 새싹을 틔워내며 커다란 배추 포기로 성장한다. 사람이 도운 일이라곤 풀포기 뽑아주는 것, 때맞춰 물 주고 벌레 잡아주는 것 정도였다. 씨앗과 모종이 이미 갖추고 있던 생명력과 햇볕, 공기, 토양의 양분이 제 역할을 해주면 생명은 자라났다. 알고 있던 사실이지만 생명이 발현하는 현상은 늘 신비롭고 애틋하기만 했다.

작업은 몸으로 한다. 밭에 쪼그려 앉아 있으면 풀 향기, 흙냄새, 햇볕의 온도, 바람의 방향을 동시에 느낀다. 손과 발을 재게 놀려야 일이 진척된다. 내 몸이 움직이는 만큼 작업 속도가 오르내린다. 땀과 호흡을 느낄 수 있다. 몸을 움직이고, 애를 쓴 만큼 결과를 보여주는 작업장. 이보다 더 정직함을 잘 가르칠 수 있는 교육과정이 어디에 있을까?

저널리스트이자 탐험가인 마이클 이스터는 저서 《편안함의 습격》을 통해, 문명 발전이 선물한 '편안함'이 되레 인간의 신체적·정신적 건강을 약화하고 있노라 경고한다. 이런 난점에 대해 이스터가 제시한 해법은 '의도적인 불편함'을 도입하는 것이다. 생존을 위해 꼭 필요한 고난은 아니지만 인간이 지닌 진화적 잠재력을 일깨우고 내면을 단련하기 위해 '죽지 않을 정도의 고생'을 자발적으로 경험하자는 것이다. 그러면서 이스터는 자신이 알래스카 오지에서 33일간 순록 사냥에 도전했던 경험을 제시한다.

분명한 사실은 현대 한국인이 너무 편안한 환경 속에서 살아간다는 것이다. 스마트폰이 앗아간 우리의 몸, 땀, 자연, 힘듦을 견디는 힘, 직관, 함께 무엇인가를 이뤄가는 기쁨을 되찾아야 한다. 숱한 대안학교에서 실행했던 보석 같은 사례를 모아 '불편함의 교육학'으로 발전시키고 싶은 욕망이 꿈틀대는 까닭이다.

# 만약 공상가 같다는 말을 듣는다면

**로버트 오언과
'승리하는 실패'의 단맛**

헌책방에서 사뒀던 책을 뒤적거리다 흔히 공상적 사회주의자로 일컬어지는 로버트 오언(1771~1858)이 눈에 들어왔다. 영국 역사학자이자 작가인 제프리 애시의 책《엇박자 놓는 급진주의자들》(The Offbeat Radicals)에 담겨 있다. 영국 웨일스 출신인 오언은 공장을 관리하는 기업인으로 성장했는데, 스물일곱 살 무렵 스코틀랜드 뉴래너크 마을의 방적공장을 약 25억 원에 인수한다.

오언은 '어린이 노동자'들을 위한 조치를 서둘렀다. 3~6세를 위한 유아원, 6~12세 아이들이 다닐 학교를 짓고, 운동장을 만들었다. 1793년 기록에 따르면, 뉴래너크 면방적공장에서 일하는 노동자 1150명 가운데 800명이 어린이였다. 에든

버러와 글래스고에서 온 고아들이 대부분이었고, 급식과 잠자리만 해줘도 감지덕지하는 상황에 내몰린 이들이었다.

오언은 2000명 남짓한 뉴래너크 노동자들에게 집을 싼값으로 빌려줬고, 질병과 사고로 고생하는 이들에게는 의료 혜택이 가도록 배려했다. 저축은행을 설립해 노동자들의 저금을 관리했으며, 생활용품을 공동으로 구입해 노동자들에게 값싼 가격에 파는 판매점을 열었다.

내가 몰랐던 오언의 놀라운 시도는 1825년 미국에서도 시작된다. 인디애나주의 땅 121제곱킬로미터(약 3700만 평)를 20억 원에 사들여 지역 기반 협동체인 '뉴하모니'를 만든 것이다. 그러나 이 프로젝트는 3년 만에 실패로 돌아간다. 800명 정착민을 모집했는데, 부랑인이거나 범법자나 다름없는 이들이 주축을 이룬 게 패착이었다. 농업을 주로 하되 부업으로 제조업에 종사해 자립적 협동마을을 이루려던 오언의 이상은 애초부터 실현 불가능했다. 그가 영국으로 돌아왔을 때는 거의 빈손이었다.

오언은 금, 은, 지폐 대신 인간의 노동이 모든 가치의 기준이 되어야 한다고 믿었다. 그는 일하는 시간에 비례하는 활동에 따라 '노동권'(labour note)을 발행해 새로운 교환체계를 만들려 했다. '전국평등노동교환소' 결성을 제안한 것이다. 이를테면 '5시간 노동과 동등한 가격'이라고 표시된 노동권을 발행해 이것을 화폐처럼 쓰자는 것이다. 최근 한국 사회에서 큰 반향을 일으켰던 지역화폐도 이러한 개념의 일환이라 할 것이다.

자료를 읽으면서 초상화 사진 한 장 제대로 본 적 없는 오언에게 깊은 동질감을 느꼈다. 물론 그는 공장을 소유한 자산가였으나, 나는 빈털터리에 가깝다. 그는 당대의 영국 귀족이나 실권자들에게 자신의 공동체 실험을 일반화할 정책 방안과 입법 요구를 끊임없이 시도했지만, 나는 노동자의 권리 보장과 사회 정의가 상층 엘리트 집단에 의해 실현되지 않으리라 확신한다.

하지만 다음과 같은 그의 생각에는 동의한다. 오언은 변하지 않는 인간 본성이란 없다고 바라본다. 인간은 그가 처한 조건과 환경이 어떠한가에 따라 적응하며 성장하는 존재다. 그러하기에 노동 환경과 삶의 조건 개선, 공동체를 이뤄 살아가기 위한 마을 형성에 힘을 기울였다. 사회 제도와 인간 본성은 이처럼 긴밀하게 연관되어 있다.

뉴래너크에서 학교가 중심을 이루는 것도 이러한 성찰에 따른 것이다. 공동체를 이루고 협동의 정신을 실현하는 일은 새로운 정치를 필요로 한다. 그것을 가능하게 하는 방법은 교육을 통해 새로운 인간을 키워내는 것이다. 이때의 교육은 학교를 포함하나 그것을 넘어서서 공동의 공간을 만들어내고, 자원을 배분하며, 자치를 통해 협동적 관계를 익혀나가는 것까지를 포함한다. 교육철학자 이윤미 교수(2018)는 오언의 저서《도덕적 신세계》(The Book of the New Moral World)에 담긴 교육 사상을 분석한 적이 있다. 오언이 19세기에 시도했던 개혁은 비록 당대에는 좌절했지만 "대안공동체를 통해 거대 사회에 균열을 낸 일은 작은 공동체들이 지닌, 숨겨진 거대함으로 오늘날까지 지속되고 있다"고 이 교수는 평가했다.

"만약 우리가 공상가 같다는 말을 듣는다면, 구제하기 힘든 이상주의라는 말을 듣는다면, 가능하지도 않은 일을 생각하고 있다는 말을 듣는다면, 수천 번이라도 대답할 것이다. '바로 그렇다'고." 체 게바라의 말이다.

사회적 경제나 지역공동체 활성화와 관련한 올해(2024) 정부 예산이 거의 다 깎였다. 그럴수록 시대의 흐름에 '엇박자를 놓고 있는' 우리 사회의 실천가들에게 오언의 삶과 사상은 큰 힘을 보태주고 있다.

# 마음의 물줄기를 우리 곁에 놓자

**동북아시아 평화 일굴
학생 교류를 꿈꾸며**


"학생들 나이는 몇 살이죠?"

"지난해에는 어떤 나라들과 교류 프로그램을 가졌을까요?"

"방문 시기는 어느 달이 제일 좋아요?"

프랑스 파리 샹젤리제 거리 중심에 자리한 덴마크대사관 2층 작은 강당. 덴마크를 비롯해 프랑스, 루마니아, 이탈리아, 체코 등 유럽 여러 나라에서 온 교사들이 몇 개의 모둠으로 나뉘어 학생 교류에 관한 조건을 타진하느라 행사장 안이 떠들썩했다.

이들을 한자리에 모이도록 한 힘은 유럽연합(EU)의 '에라스뮈스 플러스(+)' 지원 사업이다. 16세기 초 풍자소설 《우신예찬》의 저자로 이름난 중세 인문학자 에라스뮈스에게서 그 명칭이 비롯됐다. 네덜란드 로테르담 출신이었던 그가 이탈리아를 비롯해 유럽 여러 나라에서 배우고 일했기 때문이리라. 37년 역사를 가진 '에라스뮈스 플러스'는 유럽연합 시민들에게 교육·스포츠 분야 활동을 촉진하는 통합 기금 지원 사업이다.

유럽연합의 '에라스뮈스 플러스' 관련 누리집에는 놀라운 통계가 담겨 있다. 2021년 한 해에만 4조 2000억 원을 지원했다. 핵심 지원 조건은 교육을 중심으로 한 '민간인 사이의 교류'다. 이 돈을 받은 조직이나 기관만 해도 무려 7만 1000곳. 여기에 64만 9000여 명이 참여했는데, 대부분 학생이나 교수 요원들이 혜택을 보았다.

이틀 뒤, 파리 20구 지역에 있는 피에르 망데스 중등학교에 들렀다. 사회·경제 지표가 어려운 지역 한가운데 놓인 학교에 11~14세 중학생 500명이 다닌다. 외국 손님들을 맞아 프랑스 억양이 잔뜩 섞인 어눌한 영어로 학교 소개와 '에라스뮈스 플러스' 참여 소감을 밝히는 학생들의 모습이 기특하기만 하다. 이 학교는 2022년에 유럽연합으로부터 '에라스뮈스 플러스' 기금 4300만 원을 받아 사용했다. 그 정도 금액이면 스페인 바르셀로나까지 청소년 100명이 기차로 오갈 수 있다. 5년 동안 이 기금을 받는다면 해마다 100명씩 나눠서 유럽의 특정한 나라에 전교생을 교류 학생으로 보낼 수 있다. 이 학교 학생들 부모의 경제 형편이 넉넉지 않으니 이 사업은 더욱 의미 있는 일이다.

머릿속에 동북아시아 지도가 절로 떠올랐다. 두 달 전 우리 학교 교육위원회 학부모들이 중앙대 김누리 교수를 강연자로 초청했는데, 그분의 목소리가 귓가를 울렸다. "일본의 과거, 한국의 현재, 중국의 미래가 동북아시아의 긴장 해소와 평화적 교류를 방해하고 있다"는 말이었다.

전쟁범죄로 얼룩진 과거사 청산을 거부하는 일본, 남북 분단 문제를 75년째 해결하지 못한 채 더 멀어져가고 있는 남과 북, 경제성장에 걸맞은 정치적 투명성 확보를 외면하는 중국. 세 나라가 처한 사정이 진정한 의미의 교류와 소통을 막고 있다는 통찰이었다. 맞는 말이다. 비전을 공유하지 못하고, 서로에게 앙금이 남아 있는 인접 국가 국민 사이의 어정쩡한 왕래는 쇼핑, 성형, 관광 자원의 소비 정도에 국한될 뿐이다. 깊은 이야기 나누기가 서로 겸연쩍으니 더 그렇다.

유럽연합은 돈이 남아돌아서 막대한 교류 비용을 지출하는 걸까? 그들이 학생과 교수 요원들의 국가 간 왕래를 촉진하려는 최우선 목적은 분명하다. 두 차례의 세계대전 같은 비극을 유럽에서 다시는 되풀이하지 말자는 것이다. 서로 교류하고 있는 개인이나 집단 사이에는 전쟁을 벌이기 쉽지 않다. 1972년 동독과 서독이 기본조약을 맺은 뒤 양쪽을 오갔던 시민들 수는 해마다 600만 명에 이르렀다. 독일 통일의 바탕이 여기서 생겼다. 미사일과 첨단 전자무기를 생산·개발하는 비용을 떠올려보라. 사람들 사이 교류를 지원하는 편이 훨씬 더 안전하고 돈이 덜 든다. 이 관점에서 보면 비무장지대(DMZ)를 사이에 두고 민간인 사이의 왕래가 거의 없이 '4분의 3 세기'를 지내온 남북한 사이만큼 위험한 관계는 없는 셈이다.

덴마크대사관에서 모둠 회의를 할 때 한국에 관심을 보이던 여러 나라 교사들이 먼 이동 거리와 비용 문제, '에라스뮈스 플러스' 사업 적용의 어려움 등으로 난감한 표정을 지었다. 가까운 북한, 중국 베이징이나 옌볜, 일본 히로시마, 러시아 블라디보스토크 다 놔두고 나는 왜 그 자리에서 그 난처함을 겪었을까. 유럽 중심주의 사고일까. 그보다는 이미 내 의식 속에 분단 상황이 깊게 똬리 틀고 있기 때문일 것이다. 마음의 물줄기를 휴전선 가까운 곳으로 돌려놓는 일에서부터 평화를 지향하는 교류가 시작될 것 같다.

# 내릴 수 없는 깃발

## '대안교육'의
## 지속을 위하여

     딱 한 번 마라톤 완주를 해본 적 있다. 2009년 아일랜드 수도에서 열린 더블린마라톤에서였다. 뛰는 일에 의미를 부여하고 싶어서 국제사면위원회(국제앰네스티)로 이메일을 보냈다. 며칠 뒤 우편물 한 뭉치가 날아왔다. 어떻게 모금할지 자세히 알려주는 설명서, 단체 상징물이 새겨진 라운드 셔츠 등이 담겨 있었다.

"아직 괜찮아 보여요. 힘내서 뛰세요. 앰네스티!"

행사 당일 달리는 중간중간 국제앰네스티 셔츠를 입은 활동가들이 간식과 물을 건네며 목청 돋워 격려해줬다. 마라톤 완주를 준비하는 5개월 동안 90여만 원을 모아 기부했다. 모은 돈을 따로 송금할 필요는 없었다. 국제앰네스티가 알려준 모금 전용 웹주소를 소셜미디어로 연결했더니 후원자들이 직접 기부금을 낼 수 있었다. 신용카드 번호 입력만으로도 기부할 수 있어 편리했다. 나는 건강을 챙겨서, 벗들은 나와의 인연으로 기부금을 내서, 공익단체는 후원금을 받아서 모두가 이득인 셈이었다.

2000년대 초 유학 시절 런던 캠던구에 있는 '와크(WAC: Weekend Arts College) 공연예술·미디어학교'의 대표 실리아 그린우드 선생을 만난 기억이 떠오른다. 가난한 집 청소년들에게 미술, 연극, 공연예술, 영상기술, 웹디자인을 가르치는 일종의 예술계 대안교육기관 운영자였다. 서류 뭉치와 온갖 장비의 선들로 뒤엉킨 사무실을 배경으로 실리아 선생이 앉아 있었다. 그녀는 예술교육을 통한 청소년들의 자기 발견이 얼마나 신비롭고 중요한 일인지를 힘주어 말했다.

인터뷰 끝자락에 정부 공식 지원 없이 어떻게 300명 넘는 청소년들에게 예술교육 프로그램 수강 혜택을 줄 수 있는지 물었다. 시민 후원금, 지방정부 지원금, 학생들이 내는 약소한 참가비, 유럽연합이 내려주는 문화예술진흥기금, 수익 사업, 공모에 지원해 받는 사업비 등으로 꾸려나간다고 답했다. '연중 수십 군데 기관에 공모 지원 서류를 내느라 엄청 바쁘다'며 양손을 벌린 채 어깨 한번 으쓱할 뿐이었다. 공익 기능을 수행하는 민간 자선단체로서의 교육기관이 그렇게 자립적인 형태로 존립할 수 있다는 사실이 놀랍고 신기했다.

《도시×리브랜딩》(박상희·이한기·이광호)을 읽었다. 어떻게 하면 특정 도시를 더 많은 사람에게 알리고 경험하게 할 것인가. 이 어려운 주제를 놓고 고민하는 모습을 엿보았다. 도시 브랜딩의 시작은 그 도시의 비전, 철학, 핵심 가치를 무엇으로 삼을지부터 정하는 것이라 했다. 도시가 가진 실체를 바탕으로 정체성을 만들고, 그와 관련한 소통 방식을 어떻게 설계하는가에 따라 외부인이 갖게 되는 도시 이미지가 달라진다는 것이다. 저자들은 '브랜드 경험 설계 방법'에 초점을 두어 국내외 다양한 도시 리브랜딩 사례를 소개해준다.

우리나라 비인가 대안학교 현장이 무척 어렵다. 지난 25년 동안 대안교육계가 힘들지 않은 해는 없었다. 하지만 최근 상황은 정말 예사롭지 않다. 신입생이 너무 많이 줄었기 때문이다. 3년 뒤 초등학교 취학 학생 수가 29만 명 수준으로 떨어진다는 통계도 보았다.

잠들기 전 이런저런 궁리를 하다 보니 옛 기억들이 자꾸 떠오른다. 모두에게 보람과 행복감을 전해주는 세련된 기금 모금 방식을 어떻게 기획할 수 있을까. '와크 공연예술·미디어 학교'처럼 교육기관의 공익적 성격을 잃지 않으면서도 재정적인 독립을 유지할 수 있는 방법은 무엇일까. 또렷한 정체성을 지켜오면서도 다양한 교육 실험을 펼쳐온 대안교육기관의 실천을 어떻게 리브랜딩해서 더 많은 사람과 경험을 공유할 수 있을까.

다행히 아직 학교는 든든하다. 하지만 마을 일이 걱정이다. 예비 사회적 기업 인증을 받아 1년 동안 운영해온 회사 ‘마을 너머’는 사업이 아직 제 궤도에 오르기 전인데, 사람을 고용할 지원금이 모두 끊겼다. 마을과 학교를 더 탄탄하게 연계해줄 마을공방 추가 건립도 자금 부족으로 아직은 요원하다.

민간의 노력으로 지역사회에 바탕을 둔 공적 영역을 꼭 만들어볼 거다. 가정, 시장, 국가와는 또 다른 삶의 터전으로서 공유 공간을 이른다. 그 안에서 경쟁과 두려움, 불안 없이 자라는 청소년들을 계속 바라보며 지켜갈 심산이다. 유치환 시인이 노래했듯이 이것은 ‘소리 없는 아우성’이며, 결코 내릴 수 없는 ‘깃발’이다. 우리의 존재 자체가 공익을 지향하는 실험이고 도전이기 때문이다.

# 우리가 호모 에코노미쿠스가 되기 이전

**결속의 힘에
대하여**

내 곁에서 오랜 시간 함께 지낸 물건이 좋다. 길 잘 든 혁대, 귀퉁이 닳은 수첩, 내 어깨에 착 달라붙는 배낭 따위가 그렇다. 혁대, 수첩, 배낭은 오랫동안 내 소유였으며, 나의 깊은 애착이 담겨 있다. 하지만 이들에게 모종의 '혼'이 묻어 있다고 바라보지는 않는다.

뉴질랜드 마오리족은 물건을 가리켜 '타옹가'(taonga)라 부른다. 모든 타옹가에는 그것을 산출한 숲, 산지, 토지가 부여한 영(靈), 다른 말로 '하우'(hau)가 깃들어 있다. 아는 사람이 동물 뼈로 만든 빗을 주었다 치자. 빗을 받은 이는 그것을 일정 기간만 소유하다가 다른 이에게 건네준다. 빗에 담긴 '하우'의 힘이 작용해 그것을 받은 이가 병에 걸리거나 죽게 될지도 모른다는 신념 때문이다. 사물에 각인된 주술, 종교, 영적인 힘으로 인해 물건들은 마오리 부족 안에서 계속 순환한다.

북서부 아메리카 해안 지대에 거주했던 콰키우틀족에겐 '포틀래치'(potlatch) 전통이 내려온다. '식사를 제공하다, 소비하다'라는 뜻을 지닌 이 용어는 현대 한국 젊은이들이 속어로 사용하는 '탕진잼' 비슷한 느낌을 전해준다. 다만 포틀래치는 개인이 아니라 집단으로, 특정한 의식을 치르면서 실행된다. 생선기름이나 고래기름 통을 깡그리 태워버리거나, 집을 비롯해 수천 장의 담요를 태우기도 했다. 상대방을 '끽소리 못 하게' 만들기 위해 가장 비싼 동판을 파괴하거나, 조각내어 부족민들에게 나눠주거나, 물속에 던져버릴 때도 있었다. 마치 '부의 투쟁' 같은 행태가 이뤄지는 것인데, 이렇게 함으로써 자기 가족 또는 추장이나 부족의 사회적 지위가 높아진다. 이런 의식을 통해 콰키우틀족의 법과 경제 체계에서는 막대한 부가 끝없이 소비되거나 이전된다.

마오리족과 콰키우틀족 사례는 프랑스 사회학자이자 인류학자인 마르셀 모스(1872~1950)의 저서 《증여론》(1925)에서 가져왔다. 모스는 외친다. 기업처럼 경제적 원리에 따라 행동하는 인간, 즉 '호모 에코노미쿠스'가 되기 이전의 우리 인류를 상상해보자고. "인간은 아주 오랫동안 다른 존재였다. 인간이 계산기라는 복잡한 기계가 된 것은 그리 오래된 일이 아니다."

모스는 사회적 관계의 기초가 경제적 교환만으로 이뤄지는 대신 주고-받고-답례하는 인간적 교류와 결속에 뿌리 둘 수는 없는가 반문한다.

현직 대통령이 일으킨 내란이 미수에 그쳤으나 열흘 가까이 나라가 발칵 뒤집혔다. 12월 3일 밤 〈최강 야구〉를 보느라 때마침 텔레비전 앞에 앉아 있던 나는 느닷없는 계엄령 선포에 심장이 멎는 듯했다. 내 생애 세 번째 계엄. 전혀 생각하지 못했다. 나는 보았다. 순식간에 의사당 앞에 모여든 시민들의 움직임을. 군용 차량 앞을 몸으로 막아서는 사람들을. 무장한 최정예 병력 앞에 맨가슴으로 스크럼 짜고 맞서는 용기를.

나의 생체 세포와 뇌 신경망에는 자동으로 1980년 5월 광주의 이미지가 현재 상황과 겹쳐서 떠올랐다. 당시 헌신하고 희생한 분들의 '하우'가 역사의 물줄기라는 '타웅가'를 타고 우리에게 전류처럼 흐르는 듯했다. 눈물이 솟았다. 그분들이 피로 아로새겨 물려준 민주주의 덕분에 후세대가 겁먹지 않고, 오도된 국가 폭력 앞에 당당히 맞설 수 있었다. 젊은 세대가 응원봉을 흔들며 부르는 〈아파트〉와 〈다시 만난 세계〉가 내 고막을 지날 때 〈임을 위한 행진곡〉으로 번역되어 들린다. 마르셀 모스가 동의할지는 모르나 '증여'와 '되갚기' 행위는 세대 간에 역사의 흐름을 통해서도 일어나는 것 같다.

오는 12월 31일에 제천간디학교 교장으로서 임기를 마친다. 2017년부터 2024년까지 꼬박 8년을 학생, 교사, 학부모들과 부대끼며 살았다. 어떤 보이지 않는 힘이 나를 이 산골로 이끌었을까? 대안학교 출현 첫 단계를 이끈 1세대 교육실천가들의 삶이었다. 훌륭한 교육 현장의 명맥을 잇고 싶었다. 무엇이든 도움을 주겠다는 마음으로 시작했는데, 큰 착각이었다. 내가 알량하게 내어준 것보다 훨씬 더 많은 깨달음과 확신, 실천적 지혜를 얻었다.

인류의 조상들이 가졌던 '투쟁적인 환대'와 '광기 어린 소비'가 모든 부족민에게 열렬하게 환영받던 시대를 상상해보라. 자본주의 사회 한가운데서 가장 덜 자본주의적인 연대와 사랑의 정신을 모닥불 쬐듯 잠시라도 오롯하게 느껴볼 공간이 너무나 소중하다. 가난했던 원주민들이 실천했던 '고귀한 지출'을 현대적으로 되살려보고 싶다. 그런 공동체 한가운데서의 삶 자체가 참교육이다.

교육 실천의 영원한 과제

경쟁을 넘어
민주주의
교육으로

4

MICROG
SUNFLOWER

# 수능날, '교육 내전' 종식을 꿈꾸며

**교육적 우울에서
벗어나기**


어느 공립학교에 마련된 학부모 강의를 맡았다. 일찍 도착해 교장 선생님과 차를 나눈다. 바로 전날 어떤 학부모가 자녀에 대한 아동학대법 위반으로 담임교사를 고소한 사건에 대해 말을 전한다. 상심과 압박감이 크셨나 보다. 상황을 전하는 교장 선생님의 목소리가 가늘게 떨렸고, 이내 눈시울이 붉어졌다.

강의를 마쳤다. 모두 흩어지는 순간, 자그마한 체구에 맑은 눈빛을 띤 어머니 한 분이 상담을 요청한다. 최근 학업에 어려움을 겪고 있는 고교 2학년 따님에 대한 기대와 걱정, 안타까운 기다림의 심정을 전한다.

"그래도 끝까지 아이를 믿고 지지해야겠지요?"

내게 던지는 것이었으나 마치 본인에게 다짐하는 듯한 질문의 끝자락. 벌써 그분의 동공에는 불안 가득한 눈물이 뿌옇게 번진다.

되돌아오는 열차 좌석. 몸도, 마음도 흔들린다. 나는 잠깐 들른 외부인으로서 그 학교에 반나절 머물렀을 뿐이다. 짧은 순간에 교장의 눈물과 부모의 눈물을 동시에 목격하다니. 믿음으로 아이들을 넉넉히 품어야 할 우리의 교육공동체가 날 위에 서 있고, 고립되어 있음을 실감했다. 착잡하다.

교육적 우울. 교육학자 이수광(2023)은 "교육 주체 각자가 존재를 부정당하고, 구체적인 교육활동 과정에서 소외감, 체념, 무기력을 경험하는" 현상을 가리켜 이렇게 표현했다. 우울감이 사람의 판단과 행동에 어떤 영향을 끼치는지 나도 훤히 안다. 후회와 원망을 지나 두려움과 극도의 자기 보호 감정에 휩싸인다. 흔들리는 마음이 여러 종류의 관계 폭력이나 학업 성적 관련 사안 등 교내 미묘한 사건과 연결되면 분쟁으로 번진다. 억울한 감정이 솟구친다. 누구나 '을'의 처지로 자신을 바라보며 과격하게 꾀하려는 행동을 정당화한다.

교사는 이런 사태에 휘말리는 일이 가장 부담스럽다. 학부모 또는 학생과 관계를 구축할 때 방어적인 태도를 보이는 까닭이 여기에 있다. 너무 깊이 개입하지 않기, 관심 끊기, 흠잡히지 않기, 절전 모드로만 관계 맺기를 선호한다. 문제가 생기면 복잡하게 마음 쓰지 말고 사법적 절차를 따르면 될 일이다. 그 결과 우리 교육공동체 구성원은 누군가 바늘 하나만 잘못 놀려도 아픔을 크게 느낀다. '상처 입기 쉬운 조직'으로 변모한 것이다.

정용주(2024) 교장의 진단에 따르면, 현재 한국 사회는 "가족을 단위로 한 '교육 내전' 상태"에 들어섰다. "수능과 정시는 포스트 시즌이며, 특목고 입시도, 어느 학원에 들어가느냐 하는, 사교육 입시의 하위 리그"에 지나지 않을 뿐이란다. 이 기막힌 내전에서 야전 병원은 전국의 소아·청소년 정신과다. 2023년 한 해 30만 7097명의 아동·청소년이 진료를 받았다. 4년간 환자 수가 64.8퍼센트 늘었다. 주요 대학병원 소아·청소년 정신과는 3~5년을 대기해야 진료받을 수 있다고 한다 《한겨레》2024년 10월 25일).

우리 아이들을 살리려면 '즉각 휴전'이 필요하다. 그럼에도 숱한 동시대인들은 이 지리멸렬한 교육 내전을 쉽사리 끝내지 못한다. '성실하게 노력하는 사람이 실력을 쌓는다 → 공정한 시험 과정을 거쳐 자신이 원하는 상위권 대학에 진학한다 → 피라미드 꼭대기에 선 사람이 사회적 혜택을 누리는 것은 마땅하다.' 개인은 무한 자유를 꿈꾸지만, 신기하게도 '가족-개인'은 사회 통념을 따르는 보수적 성향을 고수한다. 거의 모든 '가족-개인'이 이런 신념을 갖고 있기에 경쟁 체제는 안락하게 유지된다. 그 결과 학교는 '학생들의 능력을 올바로 측정하라' 는 변별 압력을 거세게 받는다. 능력주의와 공정 담론이 결합 하여 빚어낸 교육 현상이다.

대안학교와 연계된 교육의 세 주체는 무의미한 경쟁 내전 에 휘말리기 싫어 '공교육 나라'를 자발적으로 탈출한 교육 망 명객이다. 그렇다고 마냥 행복을 누리지는 못한다. 사회 전체 의 공기가 답답한데 어찌 대안학교 교정 위의 하늘만 쾌적할 수 있겠는가. 제도권 곁에서 우리가 무엇인가 잘한다 한들 망 명 정부라는 우울한 운명에서 벗어나기 어렵다.

대학수학능력시험이 치러지는 오늘 아침, 간절하게 외친 다. 무의미한 경쟁을 멈추라. 그리하면 학부모, 학생, 교사 사 이에 사막화된 관계가 복원될 것이다. 눈물을 거둘 수 있다. 교 육공동체의 회복만이 우리 아이들을 살리는 힘이다. 자유로운 아이들과 광야에서 30년 가까이 버텨온 대안학교의 역사가 그것을 증명한다.

# '7세 고시'의 나라

**국제바칼로레아를
어떻게 볼 것인가**

말[馬]이 죽었다. 어떻게 해야 할지 관계자들이 의논한다. 안장을 바꾸자. 채찍을 더 휘둘러야 한다. 사료에 문제가 있던 것 같다. 기수를 교체하자. 달리는 속도를 더 내도록 연구하는 회의를 열자. 전담반을 편성해서 그간의 문제점을 끌어모아 분석하자. 새 훈련 프로그램을 설계하자. 과연 그게 통할까? 이름이 문제다. 앞으로 이 말을 '전략적 유니콘'이라 부르기로 하고 다시 시작하자.

'죽은 말 이론'. 미국 다코타 인디언들 사이에 세대를 거쳐 내려오는 이야기에서 비롯했다. 말이 죽은 것을 확인했으면 기수는 내려서야 하고, 다른 방법을 찾는 게 맞다. 매몰 비용이 두려워 아무도 어려운 선택을 하지 않으려 할 때, 위처럼 그럴

듯한 회피 행동이 나타난다. 개인이나 조직 모두 그렇다. 풍자가 현실로 드러날 때 우리네 삶은 괴이하게 변하고 만다.

꼭 한 달 전, 한국방송(KBS) 〈추적 60분〉이 방영한 '7세 고시'를 시청했다. 아직 그 충격파가 가시지 않는다. 영어와 수학에서 가장 실력 있는 '유아'를 선발하는 학원, 그곳에 '입원'시키고자 애쓰는 부모들의 모습이 영상에 담겨 있다.

한 수학학원의 7세 어린이 선발 시험문제를 서울대 재학생들에게 풀어보도록 하니 "아주 까다롭다. 어느 특목고 시험문제냐?"고 반문했다. 프로그램 끝자락에 이런 연구 결과도 소개됐다. 월평균 사교육비 지출 1퍼센트 증가 시 합계출산율 최대 0.3퍼센트 감소. 사교육 시장의 돈벌이 수법과 부모의 불안이 결합해 영유아, 어린이들의 정신을 학대하고 있다. 취학아동 감소 탓에 공교육 교실은 비어가는데, 도를 넘어선 경쟁으로 소아·청소년 정신과 대기자 명단은 길어만 간다.

교육에서의 공정한 선발 제도는 이미 죽었다. 1994년 수학능력시험 도입 이후 지금까지 열여섯 차례나 큰 폭으로 제도를 개편했다. 수능 전 영역 등급제, 수시 모집 횟수 제한, 선택형 수능, 영어 절대평가 시행 등 그 용어조차 아득하다. 죽은 말 등에서 이젠 내려서야 한다.

일부에서는 나라 밖의 시험제도 도입에 관심이 많다. 최근에는 국제바칼로레아(IB) 방식을 들여와서 시행하는 공교육

학교가 늘고 있다. 프랑스의 바칼로레아 대입 시험은 논술형이다. '역사는 인간에게 오는 것인가, 아니면 인간에 의해 오는 것인가?' '권리를 수호한다는 것과 이익을 옹호한다는 것은 같은 뜻인가?' 이런 질문을 받고 자기 생각을 서술해야 한다. 약 70만 명의 응시생 답안지를 놓고 채점관 17만 명이 평가한다. 비용만 해도 15억 유로, 약 2조 3700억 원 넘게 든다. 국제바칼로레아는 이 같은 평가 방식을 여러 나라에 적용할 수 있도록 응용하여 조정한 시험 체제다. 본래는 글로벌 기업의 근무자나 외교관 부모를 따라 여러 나라를 이동할 수밖에 없는 학생들에게 안정적 교육과정을 제공해주기 위해 탄생했다.

우리나라에 국제바칼로레아 교육과정을 들여오는 행동이 죽은 말을 살리려는 헛된 전략이 될지, 아니면 진짜 새로운 말을 사 온 정책이 될지 아직 판가름하기는 이르다. 발 빠른 사교육 시장은 이미 '새로운 말'로 바꿔타기 위한 대처 능력을 키우고 있다. '바칼로레아 초등 논술혁명 중급', '프랑스 바칼로레아 출신 선생님들이 새롭게 론칭한 교재!' 같은 광고를 쉽게 만날 수 있으니 말이다.

나는 1996~1999년 런던국제학교에서 기간제 교사로 일할 때 국제바칼로레아 과정을 운영해본 경험이 있다. 사회적 맥락을 제거하고 시험 그 자체만 볼 때 상당히 좋은 평가 체제라 여긴다. 다만 이 제도를 그대로 특정한 나라의 공교육에 적용하는 데는 무리가 따른다. 서유럽 여러 나라에서는 자신들의 입시제도와 국제바칼로레아 체제 사이의 차이점이 두드러지지 않는다. 독일 아비투어, 프랑스 바칼로레아, 영국 A레벨 시험 모두 주관식으로 치러지므로 몇 가지 시험제도 가운데 자기에게 맞는 것을 선택하면 되기 때문이다.

완전히 새로운 유형의 K-대입시험 디자인을 시도해보자. 국제바칼로레아 교육과정과 시험 체제 역시 그 같은 작업에 필요한 참조 자료로 바라보았으면 좋겠다. 미래 세대를 위해 살아 있는 '튼튼한 말'을 전해주려면 조금 더 긴밀한 논의와 준비 과정을 거쳐야 한다.

# 대학입시 제도를 AI와 토론하다

**인공지능이 알려준
획기적인 해결 방안**

21대 대통령 선거가 끝났다. 찬찬히 마음 가라앉히고 교육 현실을 직시해야 할 때다. 지난 한 달 동안 정당별 교육 공약을 살폈으나 대학입시 제도 논의는 발견하기 어려웠다. 답답하던 참에 구글 인공지능 제미니(제미나이)를 불러봤다.

병곤: 한국 대학 입학시험 제도의 모순을 해결할 방법이 있을 까?

제미니: 문제 많았죠. 과도한 경쟁, 사교육 의존도 심화, 학생 들의 전인적 성장 저해 등. 몇 가지 해결 방안은 가능해 요. 전형 방법을 단순하고 투명하게 만들어야 합니다. 성취평가제, 즉 절대평가를 확대 적용하고…. (한참을 뭐

라 뭐라 제시함.)

병곤: 다 좋은데, 속 시원한 해결책은 아니네. 대학 입학시험을 폐지하면 어떤 일이 펼쳐지려나?

제미니: 획기적인 해결책이 될 수 있죠. 동시에 예상 못 한 혼란과 문제를 불러옵니다. 긍정적인 시나리오는 입시 위주 사교육이 줄어드는 대신 자기 주도 학습 능력, 논리적 사고력 등을 키우는 소규모 학습 클럽, 멘토링 같은 수요가 늘겠지요. (…) 반대로 대학 평가가 다양해지면 '금수저 전형' 논란이 일고, 학원 대신 학생부 관리나 면접 컨설팅 같은 '그림자 사교육' 역시 확산할 수 있습니다. 선발 공정성 문제가 불거지면서 '깜깜이 전형' 논란이 일 것이고….

병곤: 그만, 그만. 무의미한 경쟁에 따른 학업 노동, 청소년들의 높은 자살률, 사교육비 지출로 인한 국민 고통을 그냥 감내하며 살아야겠군.

제미니: "감내하는 것"이 최선이라 생각하지 않습니다. 몇 가지 실현 가능한 접근 방식을 말해보죠. 대학별 특성을 살린 평가 요소를 도입하고, 고등학교 교육 환경을 개선하고…. (계속 방안을 제시함.)

병곤: 그런 건 지난 40년간 시도해봤지. 모두 말잔치에 지나지 않았어. 그나저나 우리 대화가 계속 맴도는 것 같군. 그

대가 말한 공정한 평가 방식이나 학벌주의 타파 말일세. 그게 어려워서 나는 제도 파기를 주장한 건데, 자네는 되레 그것을 해결 방책으로 충고하고 있지 않나. 여기서 벗어날 만한 다른 제안은 없을까?

제미니: 정확히 짚어주셨습니다. 한국 교육체제 문제가 복잡하게 얽혀 있어서 그래요. 고리 하나를 끊어도 다른 고리가 다시 문제를 일으키는 악순환이 발생하죠.

병곤: 제미니, 그대가 알고 있는 숱한 자료를 종합 요약하는 것 말고, 자네만의 놀라운 능력으로 뭔가 더 획기적인 해결책을 제안해줄 수는 없겠나?

제미니: 저의 천재적인 상상력을 동원하여 이 문제를 해결할 초월적인 시나리오를 제안합니다. 모든 국민에게 태어날 때부터 블록체인에 기반한 '개인별 디지털 학습 데이터 지갑'(Personal Learning Data Wallet)을 주는 겁니다. 이 지갑에는 유치원부터 받은 수업 기록, 수행 평가, 동아리 활동, 공모전 참여, 온라인 강의 수강 이력 등 모든 학습과 성장 과정이 데이터로 축적됩니다. 학교, 학원, 기업, 온라인 교육 플랫폼에서는 이 지갑에 담긴 정보를 열람하거나 새로운 학습 상황을 기록합니다.

병곤: 놀랍군. 그런 다음 그 '지갑'을 어떻게 활용할 건데?

제미니: '요구 기반 역량 연계 시스템'(On-demand Competency

Matching System)을 도입합니다. 기업, 연구기관, 사회단체 등 인재를 필요로 하는 모든 기관이 특정 역할이나 직무를 수행하는 데 필요한 '역량 조합'을 언제든 공개하는 플랫폼을 뜻합니다. 취업도 이 체계 안에서 가능하죠. 앞서 말한 개인별 학습 데이터 지갑과 연계되니까요. 자연스레 학벌주의가 소멸합니다.

병곤: 흠, 그렇게 대학 경쟁도 없애고, 사교육 시장도 교육 영역에서 배제하지 않겠다? 흥미롭네.

제미니: 그렇죠. 이른바 '네트워크형 학습공동체'를 활성화하는 거죠. 대학이라는 울타리를 풀어버리는 겁니다.

병곤: '대학'이라는 개념이 너무 견고하니까 아예 그것을 해체하고 다른 체계를 도입해서 입시 경쟁 문제를 해결하겠다는 거네. 이번에 당선된 새 대통령이 제미니 제안을 잘 실행할 수 있을까?

제미니: 누구든 이처럼 거대한 교육개혁을 추진하려면 여러 장애물을 뛰어넘어야 합니다. 무엇보다 강력한 리더십과 확고한 정책 우선순위 선정이 필요합니다. 국민 대다수의 공감대와 합의를 끌어내야 하며, 기술적 기반 조성과 재정 뒷받침 역시 빼놓을 수 없습니다.

병곤: 으이구, 또다시 착한 AI로 돌아갔군. 아무튼 고맙네!

# 학생이 교장을 뽑는다?…가능하다!

**축제 같았던
어느 교장 선출기**

"후보자님, MBTI는 뭐예요?"

"분배와 성장 가운데 뭐가 더 중요하다고 보세요?"

학생들이 훅 던진 초반 질문에 후보자가 멈칫한다. 200명 넘는 사람들이 빼곡히 들어찬 강당. 와그르르 웃음이 터져 나왔다. 지난(2024) 9월 22일 일요일. 제천간디학교 교장을 새로 뽑는 과정 첫 장면은 이렇게 시작됐다.

학교 안팎에서 개방형 공모제 방식으로 역대 네 번째 교장을 선임하고 있다. 우리 학교에서 20년째 경력을 쌓아온 교사, 대안학교 현장 지원에 10년 이상 종사한 활동가, 그리고 충북 지역에서 공립 대안학교를 설립 운영하는 데 헌신했던 교사 출신 교장. 이렇게 세 명이 지원했다.

이상한 생각이 들 것이다. 왜 학생이 질문을 던질까? 신임 교장 선호도 투표를 할 때 학부모, 교사와 더불어 학생도 동등하게 참여할 권한이 있기 때문이다. 세 주체를 구성하는 인원이 각기 다르므로 투표자 수를 헤아리지 않고, 누구를 지지하는지 후보자별 득표율을 산출한다. 사단법인 간디공동체 이사회로 해당 결과를 송부하면 최종 결정 권한을 가진 이사장과 이사들의 협의와 검토를 거쳐 교장을 선임한다.

지난 1차 대면에서는 후보자별로 두 시간씩 공약 설명 시간을 배정했다. 후보자가 학교 운영계획을 요약 발표했다. 그다음 청중이 미리 써낸 질문을 사회자인 내가 전달 대행하는 방식으로 진행했다. 총 여섯 시간. 세 주체들로 꽉 찬 강당 바닥에 쪼그려 앉아 긴 시간 무대를 주목하는 일은 쉽지 않다. 나는 보았다. 중학교 1학년 재학생들부터 몇 년 전 환갑을 넘긴 우리 공동체 김명철 이사장의 눈빛을. 비좁은 강당의 공기를 휘감던 설렘과 긴장, 불안과 기대가 뒤섞인 침묵 속 뜨거운 바람을.

2차 대면 토론은 10월 6일(일)에 열렸다. 이번에는 세 주체 참여 아래 후보자들 사이 상호 토론이 80분 동안 지속됐다. 다음에는 학생, 학부모, 교사들이 따로 모인 토론장을 후보자 세 명이 각각 한 시간씩 번갈아 방문해 더 심도 있는 질의응답 기회를 가졌다.

교사와 학부모를 놀라게 한 주체는 학생들이었다. 교장 후보자 첫 토론회를 앞둔 9월 11일(수). 아이들은 학년별 간담회를 열었다. 교장의 역할을 어떻게 바라보며, 그이가 갖춰야 할 가장 중요한 능력은 무엇인지, 가장 변화해야 할 부분은 무엇인지 점검하는 기회를 가졌다. 그러다 보니 교장 후보에게 던지고 싶은 질문이 쏟아졌나 보다. 두툼한 간담회 기록과 후보자를 향한 질문 목록을 검토하던 나는 손끝이 절로 떨렸다.

개인정보만 지운 채 아이들에게 교장 후보자의 자기소개서와 학교 운영계획서를 모두 개방했다. 아이들이 작성한 질문 목록을 보면 학부모나 교사들의 그것과 별반 차이가 없다. 이를테면 대안학교의 존립과 신입생 확보 방안, 재정을 안정적으로 늘리기 위한 계획, 학교의 핵심 교육과정 설계 방향, 학생과의 소통 방식을 묻고 있었다. '돌직구'에 가까운 질문들이 군더더기 없이 깔끔했다. 어른들에게 준 것과 동등한 정보를 주면 학생들은 자기 책임감을 느끼며 어른스럽게 판단한다.

교장 후보 토론회를 밀도 있게 진행할 수 있었던 배경에는 학교운영위원회가 주축이 되어 실행한 '나서기(Step-Up) 회의'가 있다. 교장이 바뀌는 시기를 맞아 학부모-학생-교사 세 주체가 조금 더 긴밀한 소통을 펼치면서 상황을 입체적으로 이해해보자는 취지 아래 온라인상에서 네 번 개최됐다. 나는 현직 교장으로서 첫 번째 회의에 초빙받아 학부모들과 토론했다. 두 번째는 학부모 임원, 세 번째는 학생회 집행부, 네 번째는 교사 세 명이 발제와 논의의 주인공 역할을 맡았다. 이러한 소통 방식이 내겐 무척 인상 깊었다.

4월 6일부터 첫 모임을 가진 '교장 공모위원회'의 역할도 빼놓을 수 없다. 학생, 교사, 학부모 대표와 법인의 이사, 상임이사, 이사장을 포함해 모두 11명으로 구성되었다. 새 교장을 선임하는 과정을 관리하며 세 주체의 의견을 최종 취합해 그 결과를 이사회에 상정함으로써 소임을 끝내는 특별위원회였다.

최종 결과 수집이 하루 앞으로 다가왔다. 새로 뽑은 지도력 아래 우리 학교는 또 다른 역사를 작성해나갈 것이다. 아니, 지금까지 함께 겪어온 선출 과정만 해도 이미 가슴 부풀어 오르는 역사가 되었다. 모든 학교의 교장이 구성원들의 검증과 환영을 동시에 받는 축제 속에서 선출된다면 얼마나 좋을지 상상해본다.

# 고난의 행군

## 청소년 자치 배움터가
## 위험하다

현실에서 이런 학교가 가능할지 마음속으로 그려보자. 초등 5학년에서 고교 3학년 사이 아이들이 함께 배운다. 이들 대부분은 각자 다른 공교육 학교에 재학 중이다. 학생이 배움을 주도하고 '길잡이 교사'는 협력한다. 활동 시간대는 방과 후, 주말, 방학 때다. 전체 참여 규모는 300명 안팎이다.

신기하게도 가능하다. 꿈[夢]이 이뤄지는[實] 몽실학교. 2014년 경기도 의정부시에서 싹이 텄다. 의정부여중 김현주 선생의 헌신적 실천에서 비롯됐고, 여러 마을교육 실행가들이 협업하면서 지속됐다. 우리나라 최초의 '청소년 자치 배움터'가 이렇게 시작된 것이다.

아이들은 학년 구분 없이 관심 분야별로 모여 연간 프로젝트를 진행한다. 부화기를 만들어 메추리를 기르는 '병아리 말고 메추리', 공정여행을 통해 지역 내 역사기행을 진행하는 '길을 따라서' 같은 학습 모임을 만들어 활동한다. 2017년에는 이런 유형의 마을 프로젝트 18개가 구성됐다. 학생들 모임은 단순 동아리와 다르다. 공공성을 추구한다. 몽실학교의 지향점을 잘 드러내는 강령이 '우리가 하고 싶은 것으로 세상을 이롭게 하자'이다.

나는 아직도 기억한다. 2015년 이맘때 꽃샘추위가 가시지 않던 날, 경기도교육청 옛 북부청사의 침침한 조명 아래 둥그렇게 모여 앉아 회의하던 학생들의 실루엣을. 당시 그곳은 교육청 사무집기를 새 청사로 모두 이전한 직후여서 콘크리트 바닥과 벽, 천장과 기둥, 그리고 깜박거리는 형광등 말고는 아무것도 없었다.

역설이긴 하나 그 을씨년스럽던 빈 공간이 자치활동을 하기엔 제격이었다. 공간을 누가 어떻게 사용할지, 실내 장식은 무엇으로 할지 결정하면서 자치 능력을 발휘했다. 정해진 것이 없어야 아이들은 방향을 가늠하고 길을 발견해갈 수 있으니 말이다. 길 위에서 더듬거리며 방법을 찾다 보면 이윽고 사람을 만난다. 결국 '공간-길-사람'이라는 순서로 자연스레 배움의 가닥을 잡아가는 도중에 새로운 의미를 깨친다.

몽실학교가 자리를 잡아갈 무렵 전국에서 해마다 2000명에 이르는 방문객이 다녀갔다. 청소년 자치 배움터가 전국으로 확산하는 계기가 다져진 것이다. 2022년까지 경기도 내 7곳에 몽실학교가 설립됐고, 서울의 다가치학교 2곳, 인천 은하수학교, 전북의 자몽(自夢), 강원 날다학교 등 전국 24곳에 자치 배움터가 생겨났다.

이토록 소중한 교육 실천이 2022년 지방선거 이후 '고난의 행군'을 견디고 있다. 보수 후보가 대거 선출된 시·군·구와 시·도교육청, 기초자치단체 의회에서 '공동체', '자치', '마을'과 같은 이름이 들어간 정책 분야 예산을 큰 폭으로 삭감하거나 전부 날려버렸기 때문이다. 최근 열린 관련 분야 워크숍 두 곳에서 현장 전문가들이 전하는 눈물의 호소를 나는 묵묵히 듣고 있어야 했다.

무너진 건물의 복원은 차라리 쉽다. 반면에 마을, 공동체, 교육 분야는 공들여 빚어내야 그 가치가 산다. 오랜 세월을 거쳐야 깊은 색과 멋을 드러내는 도자기와 같다. 반면 그것은 한 번 깨지면 복원이 어렵다. 의욕과 사명감에 가득 찬 마을교육 활동가 한 사람을 지역에서 만나는 일이 얼마나 큰 행운인지 모른다. 예산을 확보했을 때는 그런 인재들을 날름 데려다 쓰고, 돈 떨어지면 알아서 하라고 내친다면 자치 배움터는 어떻게 운영될까.

교육에서 '자치'를 강조하는 까닭은 그것이 윤리적으로 타당하기에 그런 것만이 아니다. 배움의 성패는 배우려는 이의 욕구에 달려 있기 때문이다. 학생이 선택하고, 책임지며, 의미까지 덧붙여지는 학습이라면 누가 그것을 마다할 것인가. 이런 경험이 누적되면 배움의 지속성이 담보된다. 배움 욕구의 생성과 지속. 이것이 교육학에서 가장 난제로 꼽힌다. 자치를 통한 교육은 그런 어려움을 부드럽게 극복하도록 도와주는 해결사이기도 하다. 미래를 지향하는 교육 방향도 학습자의 주도성에 초점을 두고 있다.

나는 바라보고 말았다. 배움 의지와 인정 욕구가 한껏 솟아오른 학생들의 눈빛과 자세를. 그들이 보여주는 빛나는 성장을. 그 곁을 지키는 교사와 활동가들의 벅찬 자부심을. 총점, 석차, 경쟁, '생기부' 따위의 공부 압력으로는 그같이 늠름한 자세를 빚어내지 못한다. 아름다운 학습자들의 눈빛을 바라보았던 죄로 나는 청소년 자치 학교의 지속적인 성장을 아직 포기하지 못하겠다.

# "마음은 민주주의의 집이다"

**정의를 위해
사랑이 중요한 이유**

감정은 추상적이다. 흰 종이 위에 '분노'라고 적어보자. 단어 하나에 그칠 뿐이다. 그 앞에 '일제의 폭압적 수탈에 대한' 또는 '해병대 사병의 억울한 순직에 대한'이라고 적는다면? 분노라는 감정에 맥락과 구체성이 부여된다. 사람들 마음을 움직일 수 있다. 폭발력 강한 흡인력, 이것이 감정의 본질이다. 핵심은 누가, 어떤 의도를 가지고 고도의 추상성을 지닌 감정에 구체성이라는 성냥불을 효과적으로 긋느냐 하는 점이다.

대안학교를 운영하면서, 그리고 대안교육 관련 단체들에 소속되면서 숱한 회의에 참여해봤다. 짐작하겠지만 이들 학교나 단체는 우리 사회 일반보다 조직 민주화 수준이 상당히 높다. 그럼에도 회의 과정이나 결과는 만족스럽지 못할 때가 있다.

예컨대 학교의 중요한 축제 행사를 이끌어가야 하는 학생 ㄱ이 있다고 가정하자. 공교롭게 그날 학교 외부에서 열리는 아이돌 그룹의 콘서트와 겹쳤다. ㄱ은 "그 콘서트에 반드시 가야 한다"며 학교에 체험학습 신청서를 냈다. 교사회는 토론을 시작한다. 이내 혼란에 빠진다.

'공동체라는 이름으로 개인의 자유를 제한하지 말자. 우리 대안학교 맞냐, 보내주자.'

'주말 아이돌 그룹 공연이 한두 개냐. 한 번 예외를 만들면 앞으로 주말 학교 행사는 아예 문 닫아야 할 거다. ㄱ은 선배로서 책임을 더 의식해야 할 고학년인데 학생 자치에 대한 배려심 부족이 아쉽다.'

논쟁의 겉면만 보면 논리와 논리가 부딪친 토론 같다. 그러나 속 깊은 층위가 하나 더 있다. 오랜 세월 ㄱ과 함께 학교생활을 해온 교사들은 그 아이에 대해 호오의 감정을 저마다 달리 가진다. 또는 교사회 내부에 자유주의 기질을 가진 분파와, 공동체가 더 중요하다는 생각을 가진 분파가 나뉠 수도 있다. 여기에 세대와 성별 차이에 따른 변수가 사안마다 더 얹혀간다. 그리되면 쟁점 사안마다 그 주제가 다를지라도, 회의 때마다 부딪치는 지점에서 갈등을 드러내는 인물군은 비슷하다. 기질이나 감정이 개입될 경우 이성과 논리의 영역은 축소된다. 민주주의는 이성적 논리가 부딪쳐서 불안정한 체제라기보다, 마음의 덫에 걸려 엎어지기 더 쉬운 감정의 취약지대다. 갈림길에서 고민하며 헤매다가 최근 이 문장과 마주쳤다.

"인간의 마음은 민주주의의 첫 번째 집이다. 거기에서 우리는 묻는다. 우리는 공정할 수 있는가? 우리는 너그러울 수 있는가? 우리는 단지 생각만이 아니라 전 존재로 경청할 수 있는가? 그리고 의견보다 관심을 줄 수 있는가? 살아 있는 민주주의를 추구하기 위해 용기 있게, 끊임없이, 절대로 포기하지 않고, 동료 시민을 신뢰하겠다고 결심할 수 있는가?"

미국의 야생 지역 보존주의자이자 여성주의 작가인 테리 템페스트 윌리엄스의 언명이다. 최태현 교수의 책 《절망하는 이들을 위한 민주주의》를 읽다 발견했다. 40년 전쯤 진보운동 세력이 한국 사회의 정치 의제를 설정할 만큼 힘을 가졌을 당시 '품성론'이 반짝 등장한 때가 있었다. 진보운동이 대중적 정당성과 확산을 꾀하려면 조직 활동가들이 솔직함, 소박함, 겸손함, 성실성을 갖춰야 한다는 주장이었다. 숱한 정파 가운데 어느 한쪽의 제안이었고 운동의 '몰지성화'를 촉발한다는 비판도 받았으나 한동안 울림이 컸던 말로 기억한다.

최근 들어 자주 이런 질문을 떠올린다. 민주주의자 없이 민주주의가 가능할까? 나는 민주주의자인가? 민주주의자가 되기 위해 어떤 공부와 훈련을 거쳤던가? 스스로 확신이 없으면서 왜 나는, 또는 내가 속한 조직은 '그나마' 민주주의를 하고 있다고 생각했을까? 나는 논리적으로 정당할 뿐만 아니라, 다수가 스스럼없이 받아들일 만한 그런 결정을 민주적으로 해왔노라 의식한 적이 많았다. 정말 그랬을까? 윌리엄스 작가가 던진 첫마디에 명치 끝이 아렸다. 민주주의의 첫 번째 집이 사람의 마음이라는 생각은 단 한 번도 해보지 못했기 때문이다. 말만 번지르르했지, 누군가의 발언을 '전 존재로 경청해본' 적도 없을 만큼 나는 오만했다.

사람의 생각을 교환하고, 그것을 통해 공동으로 의사결정을 해나가는 공론장에는 민주주의자들이 다수를 이뤄야 한다. 좋은 판단과 결정은 거기에서 나온다. 나는 교육의 마당에서 '시민적 덕성'과 '마음의 정치학'을 더 긴밀히 탐구해야 한다고 본다. 마음을 정치적으로 내버려두면 그 빈자리를 혐오와 독재가 날름 차지한다. 미국 정치철학자 마사 누스바움이 왜 '정의를 위해 사랑이 중요하다'고 주장했는지 그 이유를 깊이 사유해봐야겠다.

# 5768만 원짜리 투표용지

**최고의
정치교육을 하라**

22대 국회의원 선거를 몇 주 앞둔 날 교사 회의. 아이들에게 '선거 관련 특강'을 해보겠노라, 자청했다. 고학년 아이들이 곧 유권자가 될 터인데 정치 상황이나 선거제도에 관해 알려주는 일관된 정보 제공 통로가 거의 없기 때문이다.

교안을 작성하려니 막막함이 밀려왔다. 아이들에게 3분 정도 분량의 뉴스 보도를 들려주면서 이야기를 풀어가려 했다. 기사 몇 꼭지를 찾아 들어보았으나 아이들을 '정알못'으로 만드는 전문 용어가 넘쳐났다. 공천, 초선의원, 공관위, 불출마, 전략 지역구, 표심몰이, 자동응답시스템(ARS) 조사, 오차범위, 당적 변경, 준연동형 비례대표제…. 그러니 교양강좌 방식으로 선거제도를 단번에 이해시키겠다는 내 의도는 만용에 가까웠다.

선거의 정의와 종류 알기부터 시작했다. 국회의원이 어떤 일을 하는지도 살폈다. 박근혜 씨의 탄핵 소추 과정을 복기해 주었다. 촛불 함성으로 결집한 국민의 뜻, 국회의 의결, 그리고 헌법재판소의 판결로 이어진 8년 전 생생한 사건을.

아이들은 '돈' 이야기에 민감하게 반응했다. 임기 4년 동안 국회가 처리하는 예산 합계가 2554조 원. 이것을 유권자 4428만 명으로 나누면 투표용지 한 장의 '정치적 값어치'가 5768만 원이라고 일러줬다.

"얘들아, 5만 원 지폐 100장을 하나로 묶으면 두께가 1.1센티미터라고 해. 500만 원인 거지. 1조 원을 만들려면 이런 돈 뭉치 20만 묶음이 필요하거든. 이걸 세로로 세워서 배열했을 때 220킬로미터쯤 된단다. 서울역에서 우리 제천간디학교를 지나 단양버스터미널까지 돈을 늘어놓아야 바로 1조 원. 우리 정부는 이 돈의 638배를 해마다 나라 살림살이 자금으로 쓰는 거란다."

특강 도중 아이들 눈빛이 두 번째로 반짝거렸던 지점은 '비례대표제' 설명 순서였다. 소수 정당과 거대 정당이 선거연합을 해서 합의에 따라 비례대표 후보자 순번을 정할 수 있다고 하니 무척 신기하게 바라보았다. 영남과 호남에서 특정 정당에 몰표를 쏟아붓는 투표 성향은 왜 나왔는지도 말해줬다. 인구 과밀 또는 과소 지역에 따른 선거구 조정 문제도 전했다. 선거구 지도만 보아도 대도시 인구 집중 현상의 문제점이 그대로 드러난다.

적절한 도표와 지도를 찾아 제시하니 아이들의 이해가 훨씬 빨랐다. 선거관리위원회가 만든 교육용 자료를 두루 살펴 일부 데이터를 인용했다. 약간의 도움을 얻긴 했으나 대개 관에서 만든 교육용 자료들은 선거법 주요 내용 전달, 사실 위주의 건조한 진술 등으로 구성되어 있어서 아쉬움이 컸다.

우리 사회는 어린이·청소년들에게 정치교육을 하기 위한 개방성이 부족하다. 이 영역에 발을 들이면 뭔가 '위험물 취급 책임자 자격증 시험'을 보는 듯한 분위기를 느낀다. '정치적 중립성'이 교육계에서 불문율로 강하게 자리 잡은 탓이다. 정치에 대한 이해와 언급 없이 '관심을 꺼버리는' 태도를 중립성 지키는 것처럼 여긴다. 그러나 교육 현장을 중립 지대로 몰아가서 이득을 누리는 세력이야말로 비열한 정치 모리배 집단이다.

우리나라 정당법 22조 1항을 보면 "16세 이상의 국민은 (…) 누구든지 정당의 발기인 및 당원이 될 수 있다"고 적혀 있다. 2022년에 정당법이 이렇게 개정되었을 때 언론이 보인 첫 번째 태도는 '우려'였다. 학생들이 유튜브 같은 자료를 보며 우르르 몰려다니거나 정치적 선동가의 생각을 좇아 쉽게 휘둘리지 않을까 걱정하는 소리를 담아 보도했다. 한마디만 묻자. 상당수의 어른은 안 그런가?

정치는 위험물로 취급받을 대상이 아니라, 일상의 잔치로 여기고 마음껏 누려도 되는 영역이다. 서로의 견해 차이를 확인하고 합의점을 찾아가는 말의 잔치, 현안을 슬기롭게 풀어가는 아이디어 잔치, 모호함과 의뭉스러움을 견디면서 기다리는 배려 잔치를 이른다. 우리 학교 학생들이 학생회를 중심으로 교내에 얽힌 복잡한 사안을 하나씩 풀어가는 모습을 보면 안다. 이미 그들은 정치적 해결 능력을 갖추고 있음을.

교사와 학생의 손발에 채운 정치적 족쇄부터 풀어내자. 교사가 지지하는 정치인에게 후원금도 못 내고, 소셜미디어에서 '좋아요' 단추 한번 누르는 것도 금지하는 게 말이 되는가. 해방 정국 때부터 중얼거렸던 '정치적 중립성'을 더 이상 되뇌지 말라. 마음껏 정치 토론을 펼치고 견해를 표현할 자유를 주자. 그것이 국가가 실행할 수 있는 최고의 정치교육이다.

# 청년들의 극우화를 탓하기 전에

## '능력주의'라는
## 감옥

　　제1차 세계대전과 제2차 세계대전 전간기. 영국에 극우 정당들이 있었다. 오즈월드 모즐리가 이끌던 '영국파시스트연합'이 대표 격이다. 모즐리는 영국 귀족 출신으로 육군사관학교 중퇴생이었고, 제1차 세계대전에 참전해 서부전선에서 복무했다. 전후 보수당과 노동당을 넘나들며 국회의원을 역임했으나, 그의 사상은 급격하게 파시즘으로 기울어 1932년에 영국파시스트연합을 창당한다.

　　몰락하는 영국 경제의 부흥, 파시스트 페미니즘의 옹호, 사회주의 정책의 일부 채택 등 갖가지 슬로건을 내걸면서 5만 명 넘는 당원을 끌어모았다. 그들은 모두 검은 셔츠를 입고 집회나 행진을 펼쳤으며, 히틀러식 거수경례를 따라 했다. 오래

전 영국 BBC가 내보낸 특집 프로그램에서 이 기괴한 장면을 시청하다가 깜짝 놀란 적이 있다. '히틀러와 끝까지 싸웠던 영국에 이렇게 큰 규모로 파시스트 정당이 존재했다니….'

이는 유럽 현대사에 대한 내 무지 탓이었다. 파시스트 정당은 이탈리아와 독일에만 존재했던 것이 아니다. 1918년 제1차 세계대전이 마무리된 이후 유럽 전역에 극우 정당이 창궐했다. 예를 들어 헝가리의 '화살십자당', 벨기에의 '렉시스트당', 네덜란드의 '국가사회주의운동'이 정치세력화 활동을 맹렬하게 펼쳤다. 이들 정당이 견지했던 반유대주의적 태도는 거의 모든 유럽 국가에서 흔히 볼 수 있었다.

파시즘 연구의 최고 권위자 로버트 팩스턴 교수는 저서《파시즘》에서 그 핵심적 원인을 '제1차 세계대전 이후 각국이 직면했던 절박한 형편'에서 찾는다. 전쟁은 모든 산업 기술을 총동원해서 4년간 대량 학살을 저질렀다. 군인 사상자 3000만 명, 민간인 사망자는 2000만 명으로 추산된다. 유럽의 유산은 풍비박산 나고, 어떤 미래도 내다볼 수 없는 상황을 맞았다. 유럽인들은 처음으로 병역의무를 경험했다. 식량, 연료, 의복을 국가가 배급하는 체제 아래서 목숨을 연명하며 견뎠다. 민중의 분노는 압축가스처럼 응축되어 마음속 깊이 저장되었다. 한국전쟁이 끝난 직후 1950년대 남한 민중의 삶을 떠올려보면 이해하기 쉬울 듯하다.

그 틈바구니에서 세계 질서 '3종 세트'가 작동했다. 자유주의, 보수주의, 공산주의. 각자 자기 세력을 넓히기 위한 경쟁에 나서지만, 어느 진영도 완전한 승리를 거두지 못한다.

"보수주의자들이 잃어버린 영토를 찾아줄 것 같아? 자유주의자들이 말하는 경제 회복은 언제 이뤄질 수 있겠어? 누구든 평등하게 살 수 있다는 레닌의 꿀물 섞인 말, 당신은 아직도 믿나?"

파시스트들은 군수산업을 일으켜 실직자들을 고용했고, 분노에 가득 찬 국민을 선동했다. 국가적 단합을 위해 '순종(純種)이 아닌' 사람들을 제거하자고 말이다.

국내 한 언론사가 청소년과 청년을 대상으로 시행한 정치의식 여론조사를 발표했다. 10대 후반 남자 17.8퍼센트, 20대 초반 남자 12.2퍼센트가 '윤석열의 계엄령은 바람직했다'고 응답한다. 선거에서 개표 부정이 생겨나기 쉽냐는 설문에는 각각 48.8퍼센트, 42.9퍼센트가 '그렇다'고 답했다. 해당 기사에서 기자는 "소년들 가운데 '신념형 음모론자'보다는 무비판적으로 수용하는 '게으른 추종자'가 많다"고 분석했지만 내 마음은 개운치 않았다. 20대 남자의 정치의식이 70대가 지닌 보수 성향을 넘어설 만큼 극우화되었다는 여론조사 결과를 자주 만나는 탓이다.

파시즘을 두고 감정적 호소를 동반하는 '잡탕식 대중정치'

라고 폄훼할 수는 있다. 나는 이에 동의하지 않는다. 1918년 당시 파시스트들은 대중의 마음을 파고들 정치적 설계를 잘 세워 움직였다. 2025년 한국의 극우 세력 역시 마찬가지다. 극우 성향 청년들은 단순 추종자가 아니다. 기성세대가 공들여 지어 놓은 '능력주의'라는 감옥의 포로에 가깝다. 이미 모든 것을 잃어버렸고 희망은 보이지 않으니 '이번 세상에서는 망했다'고 자포자기한다. 뻥 뚫린 그들 마음에 결핍과 불안이 엄습한다. 마음이 전쟁 상태다. 1918년 당시 살아남은 유럽 민중처럼.

극우 청년들 앞에서 민주주의와 시민적 덕성을 논의하는 행위는 IMF 외환위기 때 직장 잃은 실업자 앞에서 경제 정의를 강의하는 일과 똑같다. 그들이 지닌 '합리적 판단'과 '정서적 빡침' 사이의 기묘한 결합부터 풀어주자. 그런 연후에 어떻게 그들과 함께 공동체의 일원으로 살아갈 수 있을지 길을 더듬어 찾으려는 새로운 접근 자세가 필요한 때다.

공현&진냥,《학교를 바꾼 인권 선언》, 교육공동체 벗, 2024

김현경,《사람, 장소, 환대》, 문학과지성사, 2015

김현수 외,《학교생활에서 학생의 인권보장 실태조사》, 국가인권위원회,
　　2016

레프 비고츠키,《생각과 말》, 배희철·김용호 옮김, 살림터, 2011

로버트 팩스턴,《파시즘》, 손명희·최희영 옮김, 교양인, 2024

마르셀 모스,《증여론》, 이상률 옮김, 한길그레이트북스, 2002

마이클 이스터,《편안함의 습격》, 김원진 옮김, 수오서재, 2025

미하이 칙센트미하이,《몰입의 즐거움》, 이희재 옮김, 해냄, 2007

박상희·이한기·이광호,《도시×리브랜딩》, 오마이북, 2023

볼드피리어드 편집부,《볼드 저널 14: 대안교육》, 볼드피리어드, 2019

신형철,《인생의 역사》, 난다, 2022

얼 쇼리스,《희망의 인문학》, 이병곤·임정아·고병헌 옮김, 이매진, 2006

에이미 에드먼슨,《두려움 없는 조직》, 최윤영 옮김, 다산북스, 2019

오천석,《스승》, 교육과학사, 1997(초판 1972)

유상균,《혼돈의 물리학》, 플루토, 2023

이윤미,〈유토피아와 교육〉,《교육사상연구》32(1), 135-160, 2018

정용주,《멈추지 못하는 학교》, 교육공동체 벗, 2025

최태현,《절망하는 이들을 위한 민주주의》, 창비, 2023

한병철,《피로사회》, 김태환 옮김, 문학과지성사, 2012

Geoffrey Ashe,《The Offbeat Radicals》, Methuen Publishing Ltd., 2007